商业新闻出版公司和轻松读文化事业有限公司提供内容支持

发现我的领导天赋

Discover My Leadership Talent

轻松读大师项目部　编

中国盲文出版社

图书在版编目（CIP）数据

发现我的领导天赋：大字版 / 轻松读大师项目部编．—北京：中国盲文出版社，2017.8

ISBN 978—7—5002—7969—3

Ⅰ.①发…　Ⅱ.①轻…　Ⅲ.①领导学　Ⅳ.①C933

中国版本图书馆 CIP 数据核字（2017）第 164618 号

本书由轻松读文化事业有限公司授权出版

发现我的领导天赋

编　　者：轻松读大师项目部
出版发行：中国盲文出版社
社　　址：北京市西城区太平街甲 6 号
邮政编码：100050
印　　刷：北京汇林印务有限公司
经　　销：新华书店
开　　本：787×1092　1/16
字　　数：79 千字
印　　张：13
版　　次：2017 年 8 月第 1 版　2017 年 8 月第 1 次印刷
书　　号：ISBN 978—7—5002—7969—3/C·120
定　　价：45.00 元
销售热线：（010）83190297　83190289　83190292

出版前言

数字文明为我们求知问道、拓展格局带来空前便利，同时也使我们深受信息过剩、知识爆炸的困扰。面对海量信息，闭目塞听、望洋兴叹固非良策，不分主次、照单全收更无可能。时代快速变化，竞争不断升级，要想克服本领恐慌，防止无知而盲、少知而迷，需尽可能将主流社会的最新智力成果内化于心、外化于行，如此才能更好地顺应时代，提高成功概率。为使读者精准快速地把握分散在万千书卷中的新理念、新策略、新创意、新方法，我们组织编写了这套《好书精读丛书》。

这套书旨在帮助读者提高阅读质量和效率。我们依托海内外相关知识服务机构十多年的持续积累，博观约取，从经济管理、创业创新、投资理财、营销创意、人际沟通、名企分析等方面选取数百种与时俱进又经世致用的好书分类整合，凝练出版。它们或传播现代经管新知，或讲授实用营销技巧，或聚焦创新创业，或分析成功者要素组合，真知云集，灼见荟萃。期待这些凝聚着当代经济社会管理创新创意亮点的好书，能为提升您的学识见解和能力建设提供优质有效便捷的阅读资源。

聚焦对最新知识的深度加工和闪光点提炼是这套书的突出特点。每本书集中解读4种主题相关的代表性好书，以"要点整理""5分钟摘要""主题看板""关键词解读""轻松读大师"等栏目精炼呈现各书核心观点，崇真尚实，化繁为简，您可利用各种碎片化时间在赏心悦目中取其精髓。常读常新，明辨笃行，您一定会悟得更深更透，做得更好更快。

好书不厌百回读，熟读深思子自知。作为精准知识服务的一次尝试，我们期待能帮您开启高效率的阅读。让我们一起成长和超越！

目　录

领导者的才能再高也是有限的，且往往局限于某一特定领域。而能够统整各种才能，将许多偏才融合为一体，才可以组成无所不能的全才团队，发挥出更强的力量。领导并不是要亲自去做所有的事，事必躬亲的领导绝非好领导。作为一个领导者，只需要掌握一批人才，把他们放在适当的位置上，让他们充分发挥自己的积极性。

公司逆袭15心法 …………………………… 51

要解决经营中的问题其实很简单，只要经营者永远把获利摆在第一位，并且切实竭尽所能地为公司创造最大获利。面对真相，找出问题，专注在能为公司带来获利的事务上，不论经济是否景气，都能让企业获得成功。

想要成为成功的领导者，首先要有正确的价值观，这样才能够激励与你共事的下属与员工，进而带领公司提升绩效、精益求精。价值观导向的领导者要先了解自己的信念，并把握四大原则：自我反思、保持平衡、满怀自信、谦逊处世，然后通过种种实践行动，带领公司走上卓越之路。

企业领导人必须要有足够的野心才能燃烧热情，带领团队挑战超高的标准。同时，领导人必须要知其所不足，察纳雅言，鼓励团队、消费者提出意见，洞察市场，作出正确的决策。企业领导人要以“谦卑野心家”的姿态，带领组织创造出更上一层楼的伟大成就。

发现我的领导天赋

Strengths－Based Leadership

Great Leaders, Teams and Why People Follow

原著作者简介

汤姆·雷斯（Tom Rath），毕业于密歇根大学及宾州大学，在盖洛普公司任职已经14年，目前主管盖洛普的职场研究及领导咨询业务，著有《你的桶里有多满?》及《天才发现者2.0》等书，并担任VHL.org董事，该机构致力于癌症研究及癌症病友照护。

拜瑞·康奇（Barry Conchie），盖洛普公司的领导顾问，在加入盖洛普伦敦分公司之前，曾任英国公共部门主管，目前任职于美国华府的盖洛普总公司，并主管领导咨询业务，擅长高级主管评估、团队诊断以及接班人选规划等。

本文编译：黄玩

主要内容

投资于长处

讲到投资，有一种标的是每个人都应该列入投资计划的，那就是投资自己的长处。《富爸爸穷爸爸》系列图书作者罗伯特·清崎记得，小时候父亲曾告诉他，日本人关注3种力量：剑、宝石和镜子，分别象征武器、金钱和自知之明，而在日本人眼中，自知，也就是了解自己的优缺点，又是这3项中最宝贵的一项。投资自己之前，先学会找到自己的长处才能充分发挥长处，提高自己的能力。

管理大师德鲁克说："要让自己从一窍不通进步到普通水准，远比让自己由精通进步到卓越更花心力。"对于如何找出自己的长处，德鲁克有一套方法：反馈分析。每当自己要采取行动时，先写下预期的结果，一年之后，再将实际成果与当初的预期进行比较。这样做，大概两三年就可以发现自己的长处在哪里。此外，反馈分析也能显示自己在哪里未充分发挥所长而没把事情做好，以及特别不擅长或根本无法做的事是什么。对于个人不擅长的部分，不必浪费力气去改善，应该专心做好自己擅长而熟练的事。

长处为领导之本

被称为日本经营之神的松下幸之助，穷70余年的经营心得，体悟出“集合众智，无往不利”的至理名言。领导者的才能再高也是有限的，且往往局限于某一特定领域。而能够统整各种才能，将许多偏才融合为一体，才可以组成无所不能的全才团队，发挥出更强的力量。

领导并不是要亲自去做所有的事，事必躬亲的领导绝非好领导。作为一个领导者，只需要掌握一批人才，把他们放在适当的位置上，让他们充分发挥自己的积极性。历朝历代能够成就大业的领导者，都具备这样的领导才能。刘邦让韩信带兵打仗、张良出谋划策、萧何负责后勤补给，自己则是整个集团的核心指挥；刘备擅长经营人脉，他就发挥他的优势，让诸葛亮去谋划，让关羽、张飞去执行。

德鲁克除了强调个人应发挥自己的长处，也提出组织应善用成员的长处："人之长处，才是真正的机会。发挥人的长处，才是组织的唯一目的。"管理者的任务是运用每个人的长处，把发挥每个人的长处作为提高绩效的最佳方法。领导应该让组织中所有的人都发挥优点、长处，充分运用员工的优势为组织创造价值。这些优势也可以成为组织运作的依托，让团队可以互相支持、合作无间。没有平庸的员工，只有平庸的管理者，每个人都有不同的长处，高明的领导者善于从每个员工身上发现特别的价值，并加以引导和开发，充分发挥人才的特长。唯有带领平凡人完成不平凡成就的领导，才是善用天分的领导。

只要有心，人人都可以成为领导

如果我们把领导视为一种态度和行为，视为影响众人和吸引大家跟随的能力，那么大多数人都可以通过学习获得这种能力。

麻省理工学院荣誉董事长迪阿布洛夫，向通用公司前首席执行官韦尔奇提出了一个问题："领导力真的可以学习吗？"韦尔奇答道："我想这是毫无疑问的，但有各种不同的模式和状况。"

韦尔奇举出的例子有西南航空的凯勒和比尔·盖茨的比较，有丘吉尔和圣雄甘地的比较，还有美式足球教头隆巴迪和贝利奇克的比较——这些人物领导风格迥异，但都是优秀的领导者。

贝利奇克是新英格兰爱国者队的总教练，他秉持"团队利益第一"的理念，善于发掘球员的最大潜能，把无名小卒锻炼成称职的好球员，有

"魔术师"之称。他的球队一直不用明星球员，薪资支出始终保持在职业美式足球联盟 NFL 规定的薪资上限之内，并且把省下来的薪资用来扩充队伍，使得各种人才交替运用自如。2001 年的超级杯总冠军赛时，球队当家四分卫布雷索受伤，舆论一致看输球队，但贝利奇克靠着替补四分卫和手上有限的人员漂亮地赢下了超级杯。自 2000 年接掌爱国者队帅印以来，贝利奇克取得了 102 胜 42 负（胜率 70.8%）的战绩，2001 年至 2004 年间，更是三度夺下超级杯，是 NFL 唯一有如此表现的总教练。

钢铁大王卡耐基在自己的墓志铭上写道："此处长眠之人，懂得让自己身边布满才智远胜于自己的人。"台湾企业家辜濂松也说："领导人不见得比别人聪明，可是他会用比他聪明的人。"可见，只要能发掘并综合运用各种不同的人才，就能成为优秀的领导人。

如何成为优秀领导人

盖洛普公司在全球范围内研究超过 2 万名领导人之后发现，最优秀的领导人有以下 3 个特点：

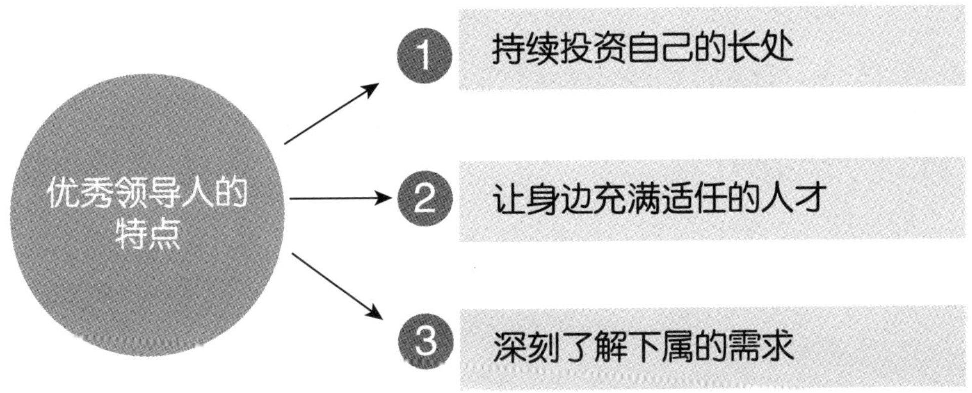

要让自己成为更杰出的领导人，就要先找出自己的长处，然后努力将这些长处发挥出来。只要你持续下去，就有可能成为卓越的领导人；如果你够幸运，又碰上天时地利，可能还会让自己千古留名。

关键思维

我们在投资时都懂得最好投资绩优的基金、股票及企业，避免把所有资金砸在一家长期疲弱不振的公司上。然而在思考如何投资自己的时候，我们竟然会把很多的时间和精力花费在自己并不擅长的方面。我们往往费尽力气想要补足天生的不足之处，却没有想好好发挥自己的长处。通往优秀领导人之路的第一步，就要从深刻了解自己的长处开始。

——雷斯　康奇

一　持续投资自己的长处

盖洛普公司的研究显示，当领导没有办法让员工发挥个人长处时，只有9%的员工会认真工作。当领导将发挥员工长处当作优先要务时，员工对工作的投入程度会升高到73%。这可以为组织的盈利带来大幅增长，同时提升每名员工的个人福利。因此，优秀领导人会持续投资自己的长处并充分发挥员工的长处。

理想中的领导人是一流的沟通者、有远见的思考者以及在各方面都有实战经验的专家。此外，他还有很好的执行力。这种领导人并不存在，尽管上述特质在理论上听来令人向往，然而没有人能真正在这些方面都具有完美的表现。你可能会发现某位领导人在一两个特定方面有超强的能力，而在其他方面则表现平平。

奇怪的是，想要变成十项全能的领导人，最后的表现反而会输给那些全力发挥自己长处的人。就个人而言，你充分发挥自己原本擅长的方面，会比试着弥补自己原有的弱点要好得多。

这种观念直接引导出了另外两种观念：

◎要想有效提高领导力，你必须确切认知自己的长处并且妥善规划，让自己每一天都能利用最多的时间去从事自己擅长的事务。

◎即使你努力去仿效自己所景仰的领导人，你也不会变成他。模仿是行不通的。如果你尝试模仿某个长处和自己不同的人，到最后只会让自己的长处得不到发挥。

当优秀领导人着重于发挥自己的长处并在上面再投资时就会形成一种自我强化循环，带来所谓的“累积效益”，让他们在事业发展上得以持续成长。他们擅长做某件事，就会持续投入。他们在这方面的经验越丰富，表现就越好，并会找出更多的机会活用他们的长处，使个人及团队的

成长幅度也越来越大。领导人持续利用这些收获，就会让这个自我强化循环不断重复——这是非常好的情况。

关键思维

如果你一辈子都在努力让自己“样样通”，你只会落得“样样松”。虽然社会鼓励我们成为全才，但这种方式一不小心就会造就出庸才。领导者是万能的，这也许就是最严重的错误观念。

领导人的最大挑战之一就是要促进团队未来的成长。身为领导人，如果你无法营造希望并帮助大家看见未来的路，那么应该就没有人能做这件事了。

——雷斯　康奇

二 让身边充满适任的人才

尽管这听起来或许有违常理，但是杰出的领导人并非真的样样行，他们往往在下面 4 个领域当中的某一个领域有突出表现：

1. 执行——他们了解该如何完成任务。

2. 影响——他们了解如何让团队内部与外部的人接受团队的构想。

3. 维系关系——他们擅长凝聚高绩效的团队，并让团队合作无间。

4. 策略思考——他们会让大家专注在未来的发展之上。

明智的领导人了解自己的长处在哪里，因此会根据自身的不足找来特别擅长某方面的成员来建立团队。卓越领导人之所以能有较高的成就，是因为他们比表现平凡的领导人更懂得善用团队

力量。他们会组成卓越的团队，然后让这个团队的集体才能发挥到淋漓尽致。

多数领导团队的组成都是随机或偶然的，而不是经过精心策划的。各个团队成员之所以获选，是基于他们在特定的方面具有特定的专业知识或能力，譬如由最杰出的财务人员出任财务总监、由最聪明的技术人员出任项目总监等等。

优秀领导人会反其道而行，他们会刻意招揽能够弥补现有成员缺点的新成员。技术方面的能力确实是必要的，然而优秀领导人考虑最多的是要招募具备互补性长处的优秀人才进入管理团队，然后再结合这些技能去完成重要任务。

盖洛普花了很多年研究了数千个高级管理团队，尝试找出它们成功的原因。结果发现最成功的领导或管理团队，在下面 4 个领域上具备长处：

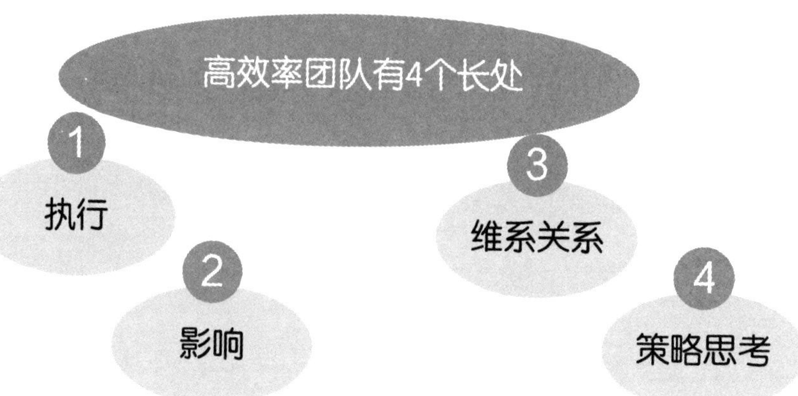

1. 执行——卓越团队中一定会有执行能力强的成员。团队中必须要有人能不屈不挠地把事情完成。当团队成员善于执行时，就能让团队快速达到目标。

2. 影响——管理团队必须让成员对某件事达成共识。团队中必须要有人擅长让组织内外的人接受团队的构想。那就要求要有人有影响力，并让其他人接受正确的观点。

3. 维系关系——这就是一个完整的团队和一群各自为政的人之间的差异。维系关系就是要强化能够凝聚团队成员的向心力。在团队及组织中打造出稳固的关系，就能创造效益，也就是

说，团队取得的最终成果会远大于所有成员贡献的总和。

4. 策略思考——擅长这个领域的领导人会让大家专注在未来可能的发展上。这类人会吸收新信息并加以分析，然后帮助所有团队成员利用所得的资料作出更理想的决策。团队中必须要有人可以拓展大家的思考，帮助大家朝更光明的未来努力。

盖洛普公司在这 4 个领域中，共找出 34 种“主要特质”。优秀领导人可以利用这些特质，系统地了解团队成员的兴趣和动机。当你了解每一位团队成员分别受到哪些特质主导之后，就可以找出影响及领导这些成员的最佳方法。要记得，团队成员不会只具有单一特质，而是会结合好几种特质，因此各种排列组合都有可能出现。

1

执行

主要特质

- 有始有终
- 运筹帷幄
- 自我价值观强烈
- 深思熟虑
- 纪律严谨
- 目标明确
- 负责任
- 热衷解决问题

有始有终	
有始有终的人精力充足且非常努力，他们会从忙碌和成绩中获得满足感。	要领导有始有终型的人，应该： ·经常和他们会面 ·交付给他们重要的事情 ·设定合适的考核指标 ·安排若干实干人手给他们 ·和他们并肩合作建立信任 ·定期设定有挑战性的新目标 ·让他们自己设定工作时间

运筹帷幄	
运筹帷幄型的人喜欢井然有序的工作方式，但他们更喜欢从各个方面想出协力运作的方法。	要领导运筹帷幄型的人，应该： ·持续给他们新的挑战 ·试着让他们做经理人 ·让他们形成成熟的作业模式 ·运用已经成熟的作业模式 ·维持严明纪律 ·安排诚恳的人给他们 ·让他们利用日程表规划时间

自我价值观强烈	
有强烈自我价值观的人会固守坚定不移的核心价值，他们对职业生涯有非常明确的目标。	要领导具有强烈自我价值观的人，应该： ·顺应他们的价值观 ·让他们了解你的产品的功效 ·举例说明你自己的价值观 ·提供让他们服务的机会 ·让他们为某个目标努力

深思熟虑	
这种类型的人作决策会格外小心，他们会预期有障碍产生，并权衡各种情况。	要领导深思熟虑型的人，应该： ·避免要求他们仓促作判断 ·让他们负责复杂的项目 ·让他们去协商交易条件 ·只有在他们有功的时候给予赞美 ·与他们逐步建立关系

<table>
<tr><th colspan="2">纪律严谨</th></tr>
<tr><td>这种类型的人希望能按部就班，他们生来就希望能从混乱中找出秩序。</td><td>要领导纪律严谨的人，应该：
·让他们规划制度
·时时和他们一起设定优先事项
·建立日程表并加以运用
·让他们去帮助其他成员
·鼓励其他人善用他们的技能
·设定合适的绩效目标</td></tr>
</table>

<table>
<tr><th colspan="2">目标明确</th></tr>
<tr><td>目标明确的人会指引出方向、贯彻实行并逐步进行修正，以保持正确的方向，他们擅长定出优先顺序然后付诸行动。</td><td>要领导目标明确的人，应该：
·设定目标时要拟订出时间表
·让他们去进行细节规划
·让他们自己控制工作进度
·定期核查
·对他们说真话
·为他们提供时间管理的训练
·尽量不要大幅变更项目</td></tr>
</table>

<table>
<tr><th colspan="2">负责任</th></tr>
<tr><td>负责任的人会一肩扛起自己所负责的任务，他们对于一切都完全忠诚并且他们绝对诚实。</td><td>要领导负责任的人，应该：
·让团队充满会坚定投入的同事
·相信他们会自动自发行动
·减少管理上的干预
·让他们能够依循道德来行动
·持续加重他们的责任
·让他们独自承担更重的责任
·让他们从事第一线的工作</td></tr>
</table>

热衷解决问题	
热衷解决问题的人非常懂得如何处理各种问题，也非常善于找出问题之所在并加以解决。	要领导热衷解决问题的人，应该： · 让他们解决问题 · 允许他们协助顾客 · 达成目标就加以庆祝 · 表现出你对他们的器重 · 让他们提出改善方法 · 持续关注他们 · 激发他们追求卓越的渴望

2

影响

主要特质

- 行动迅速
- 善于发号施令
- 能言善道
- 好胜
- 完美主义
- 自信
- 荣誉感
- 有亲和力

行动迅速	
这种类型的人善于执行，他们会迫不及待地将想法付诸行动。	要领导行动迅速的人，应该： · 赋予他们责任 · 不时鼓励他们 · 让他们规划项目进度 · 用心倾听他们的想法 · 让他们和思考周全的人合作 · 善用他们的充沛精力

善于发号施令	
这种类型的人有强烈的表现欲，他们会一心想要控制局势并迅速作出决策，危机最能激发他们的潜能。	要领导善于发号施令的人，应该： · 给他们行动的机会 · 不要事必躬亲 · 和他们共同采取坚决的行动 · 对他们的态度要果断 · 对错误加以讨论然后积极前进 · 帮助他们了解自身情况 · 习惯他们的自责

能言善道	
这种类型的人口才好，善于表达，善于沟通。	要领导能言善道的人，应该： · 让他们想出一些吸引人的故事 · 为他们提供讨论的机会 · 让他们将组织文化体现出来 · 派他们去协助专业技术人员 · 让他们负责团队的简报 · 让他们成为组织对外的代表

好胜	
这种类型的人在和人捉对厮杀时特别有活力，他们根据对手的表现来衡量自己的进步，而且一心就想求胜。	要领导非常好胜的人，应该： · 大量举办内部竞赛 · 及时公布绩效 · 让其他好胜的人和他们并肩作战 · 经常谈及他们的才能 · 不用给予晋升，只要提供奖励即可 · 让他们知道作弊是永远不会成功的 · 为他们设定积极的目标 · 放手让他们去冲

完美主义	
完美主义类型的人会全力发展自己的长处，借此达成卓越成就，他们喜欢精益求精。	要领导有完美主义倾向的人，应该： · 深入讨论他们的长处 · 有策略地去规划他们下一步的工作 · 为他们提供明确的职业生涯发展路线 · 制订良好的薪酬计划 · 让他们领导团队 · 让他们协助研发 · 重视他们提出的建议 · 鼓励他们指导其他成员

自信	
自信的人对于他们自我管理的能力非常有信心，他们心中好像有个罗盘，让他们得以确定自己的决策都是正确的。	要领导自信的人，应该： · 让他们担任需要毅力的角色 · 为他们提供确定性和稳定性 · 鼓励他们凭直觉去做事情 · 赋予他们领导的责任 · 鼓励他们承认错误 · 让他们直接面对顾客 · 让他们负责解决问题

荣誉感	
这种类型的人喜欢感受到同事对他们的重视，他们独立行动并且喜欢得到肯定。	要领导那些珍视荣誉感的人，应该： · 在适当时机强调他们的表现 · 安排最优秀的人才给他们 · 鼓励他们赞美别人 · 常提及他们的长处 · 定期设定有挑战性的目标 · 凸显他们的成就 · 鼓励他们勇于冒风险 · 鼓励他们承担责任 · 给他们表现的空间

有亲和力	
这种类型的人天生喜欢忍让新朋友并赢得他们的好感；让他们去炒热气氛以及和其他人建立关系，会带给他们极大的满足。	要领导这种喜欢展现亲和力的人，应该： ·让他们负责初步接触客户 ·训练他们记住客户的名字 ·允许他们去与人建立关系 ·组成负责跟进的团队 ·让他们在各种场合中发挥特长 ·经常提及他们的特长 ·让他们成为你的亲善大使 ·让他们在公共场合发挥才能 ·让他们代表你的公司 ·将他们的经验以书面形式记录下来 ·为他们提供必要的资源 ·鼓励他们发展人脉 ·重视他们的见解

3

维系关系

主要特质
适应力强 慧眼识英雄 注重关联性 同理心 爱好和谐 包容 尊重个别差异 乐观积极 交心为重

适应力强	
这种类型的人懂得顺其自然，他们喜欢活在当下，也比较喜欢以随遇而安的态度来面对未来。	要领导适应力强的人，应该： ·让他们处理无法预测的事情 ·给他们最大的弹性 ·不要求详细的计划 ·要他们扮演导师的角色 ·不要规划他们的职业生涯发展路线 ·让他们专注于眼前的挑战 ·设法激励他们

慧眼识英雄	
慧眼识英雄的人可以看出他人的潜能，而且天生就喜欢开发潜能，他们会从进步当中得到满足感。	要领导慧眼识英雄的人，应该： ·让他们从事推动他人成长的工作 ·要让他们扮演导师的角色 ·赋予他们主管的职务 ·鼓励他们帮助其他成员 ·为他们提供训练的机会 ·经常给他们挑战的机会 ·让他们担任团队领导者

注重关联性	
这种类型的人相信所有事物之间都存在无形的联结，认为没有什么事是偶然的，每件事都会有引发它的原因。	要领导这种注重关联性的人，应该： ·设法了解他们的信仰 ·将你交付的任务和他们的信念联结起来 ·让他们参与重大任务 ·经常强调事情的关联性 ·为他们提供宏观的观察角度 ·实践你自己的价值观 ·让他们提出跨文化的构想

同理心	
具有高度同理心的人会去想象自己处于与他人相同处境时可能会有什么感受，借以体会他人的感受。	要领导具有高度同理心的人，应该： · 预期到他们会表现出自己的情绪 · 教他们如何发挥自己的才能 · 让他们相信自己的直觉 · 鼓励他们扮演导师的角色 · 尊重他们的感受 · 给他们表达感受的机会

爱好和谐	
这种类型的人对他们想进行的任何事情都希望达成共识，他们寻求的是共识而不是冲突。	要领导爱好和谐的人，应该： · 找出你和他都认同的议题 · 安排可以提供支持的人给他们 · 不让他们和直言不讳的人搭档 · 质疑他们为何赞同你 · 教他们学习如何积极调节 · 为他们提供指导他人的机会 · 表现出对于他们意见的尊重

包容	
这种类型的人容易接纳其他人的观点，他们永远都会努力做到包容。	要领导天生包容的人，应该： · 让他们带新成员 · 要求他们专注于顾客层面 · 让他们从事大众化产品的业务 · 举例证明你一视同仁 · 鼓励他们和大家维系关系 · 和他们分享如何帮助他人

尊重个别差异	
这种类型的人对每一个人的特点感兴趣，他们天生就能看出每个人行为的出发点。	要有效领导尊重个别差异的人，应该： ·让他们负责考评业务 ·让他们规划薪酬制度 ·鼓励他们指导他人 ·让他们担任新成员的导师 ·让他们和顾客互动 ·紧守他们告诉你的秘密 ·支持他们的工作方式

乐观积极	
这种类型的人具有能感染他人的热忱，他们一向保持乐观，而且这种特性也往往会感染到其他人。	要领导乐观积极的人，应该： ·让他们协助策划活动 ·让他们加入需要行动的团队 ·为他们提供庆祝的机会 ·让他们担任训练员或讲师 ·让他们负责业务工作 ·和他们讨论未来的愿景 ·鼓励他们享受工作 ·让他们远离抱怨者

交心为重	
这种类型的人非常喜欢和其他人建立密切的关系，和朋友并肩奋斗完成大成就会让他们得到充分的满足感。	要有效领导交心为重的人，应该： ·告诉他们共事目标 ·让他们和优秀的人合作 ·让他们担任管理的角色 ·让他们知道你会支持他们 ·凸显他们的宽宏大量 ·建立非正式的表彰制度 ·对他们寄予高度的期望

4
策略思考

主要特质
实事求是 继往开来 有远见 勇于接受新观念 喜爱搜集信息 爱动脑 好学不倦 思考周全

实事求是	
这种类型的人一定得知道事情的理由和原因，他们想要了解所有影响状况的因素。	要领导坚持实事求是的人，应该： · 时时清楚地说明作决策的考虑因素 · 所有事情都要提供大量资料 · 肯定他们一丝不苟的心态 · 一定要用事实根据来支持自己的看法 · 提供解说资料的机会 · 认真对待他们的观点 · 公开为他们的工作表现背书

继往开来	
这种类型的人喜欢回顾过去，他们认为了解组织过去的发展历程，正是了解当前形势的关键。	要领导继往开来型的人，应该： · 花时间说明自己的想法 · 提供大量背景资料 · 要他们去搜集故事 · 通过他们强化组织文化 · 为他们提供指导别人的机会 · 肯定他们的专业 · 将他们复杂的构想简化为基本概念

有远见	
有远见的人会受到未来状况的激励，他们可以预见在不远的将来有着更光明的前景。	要领导有远见的人，应该： ·让他们经常阐述自己的想法 ·创造和他们讨论的机会 ·让他们持续调整自己的愿景 ·把他们当作新构想的评论者 ·鼓励他们指导他人 ·让他们注意现实情况 ·相信他们的观点

勇于接受新观念	
这种类型的人完全被新构想所吸引，他们永远都能发现不同现象之间的关系。	要领导善于接受新观念的人，应该： ·经常要求他们提出构想 ·尊重他们的构想 ·让他们和顾客合作 ·让他们了解相关事物该如何配合 ·仔细解释任何例外状况 ·让他们做一些尝试 ·让他们时时了解最新信息

喜爱搜集信息	
这种类型的人渴望知晓现实情况，他们天生就会进行资料的搜集、组织及归档。	要领导喜爱搜集信息的人，应该： ·对他们的求知欲表示肯定 ·让他们替你探讨一些议题 ·让他们进行大量的研究 ·让他们担任讲师或培训师 ·记录他们的知识成果 ·肯定他们的权威性 ·尊重他们的成果

<table>
<tr><th colspan="2">爱动脑</th></tr>
<tr><td>这种类型的人爱反思，而且最喜爱谈论自己的观念和构想。</td><td>要有效领导爱动脑型的人，应该：
· 给他们时间思考
· 和他们进行深入的讨论
· 指出他们的长处
· 让他们提出看法
· 让他们和行动导向型的人组成团队
· 尊重他们的看法</td></tr>
</table>

<table>
<tr><th colspan="2">好学不倦</th></tr>
<tr><td>好学不倦的人永远都有不断提升自己的强烈动机，他们觉得学习的过程让人充满生气，而且非常渴望学习。</td><td>要领导好学不倦的人，应该：
· 让他们负责变化快速的领域
· 让他们探索最先进的发展领域
· 派他们参加训练课程
· 让他们和卓越的指导者搭配
· 鼓励他们成为意见领袖
· 公开肯定他们
· 让他们和专业技术人员组成团队
· 由他们主持研讨会
· 让他们做简报</td></tr>
</table>

思考周全	
思考周全的人喜欢找出解决问题的备选方案。在面临急迫的挑战时，他们非常喜欢去找出相关的模式和关键问题。	要领导思考周全的人，应该： · 让他们居于领导的地位 · 让他们去筛选各种可行方案 · 由他们拟订策略 · 送他们去参加研讨会 · 让他们提出自己的构想 · 要求他们记下自己的构想 · 和他们开诚布公地讨论你选择的方案 · 请他们提出替代方案 · 让他们阐释自己的目标 · 分析他们提出的建议 · 让其他人注意到他们的才能 · 让他们去设想可能的状况 · 随时保持开放的态度 · 努力拓展他们的视野

了解团队成员在工作上有哪些特点，有利于你善用团队的集体智慧。如前所述，重点是不要去想办法让每位成员把所有事情都做到“够好”，而应该让团队具备各种必需的特质，然后让每位成员专心去做他们擅长的事。如此，你就可以让这些人才尽情发挥他们的才能。

实力强劲的高绩效团队具有 5 个明显的特征：

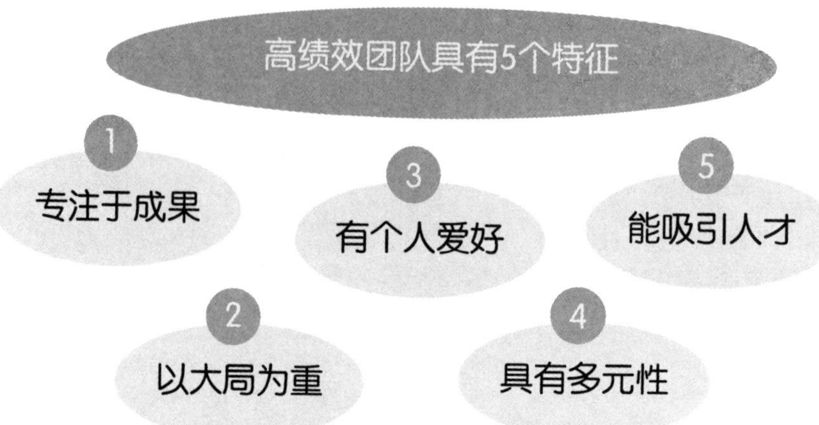

1. 专注于成果——很少有强劲的团队是一片祥和的，它们的特点就是有唇枪舌剑的争辩以及热烈的讨论。然而这些并不会造成冲突，强劲的团队对所有事情都进行充分辩论，反而能借此得到凝聚力。这是因为成员完全聚焦在成果上，大家会为了寻求答案而通力合作。

2. 以大局为重——卓越的团队会设定事项优先顺序，时时以大局为重，并且把集体的利益放在个人利益之上。这表示一旦目标设定之后，高绩效团队就会同心协力达成目标。

3. 有个人爱好——奇怪的是，很多高绩效团队的成员在工作之余都有他们非常热衷的爱

好，这让他们可以适度减轻工作上的辛劳和重大压力。这样的人做每一件事情都会投入精力和热忱，而不是只在工作上。

4. 具有多元性——高绩效团队必定是由具有不同观点的人所组成的。顶尖的团队会欢迎这种多元性并用以推动成长，而不会让它变成纷扰的来源。

5. 能吸引人才——组织中的每一位成员都想要加入强劲的团队，对于组织里的骨干而言更是如此。他们希望能真正参与行动，让他们可以发挥影响力。高绩效团队不会因为挑战而却步，而是会主动寻求机会。

关键思维

你必须考虑的是一个人的潜能，而不是他的外表。如果你能够找出他们未被发掘的潜力，就可以让团队进步。你必须明辨忠心和才智，绝大多数的领导人比较喜欢忠心而不是才智，因为他们害怕自己会被替代，我的看法则和他们不同。

——西蒙·裴瑞兹

我见过的优秀领导人都很了解自己的才能，并努力加以精进。

——卫斯理·克拉克

领导人必须了解自己的长处，就如同木匠必须了解自己的工具或是医生必须了解自己所使用的仪器一样。卓越领导人的共同点就是，他们每一个人都了解自己的长处，并且懂得在适当的时机运用适合的长处。这说明了为何没有任何一个确切无误的特质可以用来形容所有的领导人。

——唐诺·克里夫顿

最近这几年来，我们研究了建立优质学校、创立重要的非营利组织、领导大型企业和带领国家转型的领导人，不过还没发现有哪两位领导人所具备的长处完全相同。就算有两位领导人拥有完全一致的目标，他们达成目标的方法也永远取决于他们独有的长处。

建立实力强劲的团队需要时间和努力。让团队具有各种人才是个不错的开始，但光这样还不够。一个团队想要持续成长，领导人必须持续投资每位成员的长处，也要投入资源让团队成员的关系更紧密。如果领导人能够这么做，就可以让整个团队用更多时间去思考他们服务对象的需求。

——雷斯　康奇

三 深刻了解下属的需求

下面 4 种理由，能让成员愿意追随他们的领导人：

1. 他们相信领导人一定会为所当为。

2. 他们认为领导人是真正地关心基层员工。

3. 他们觉得领导人很可靠，是可以信赖的。

4. 领导人让他们对未来充满了希望，他们对领导人有信心。

优秀领导人很了解自己的下属，并且会自然而然地给下属提供支持，让每个人的能力可以发挥到极限。

如果你真的希望让大家追随你，就要时时记住追随者希望你能带给他们的是什么，那就是：

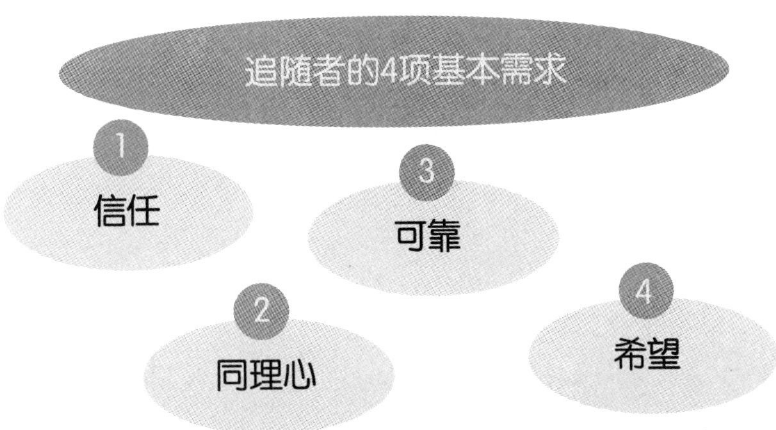

1. 信任——追随者无法忍受任何形式的虚伪。你必须让他们能够信任你，相信你在任何情况下都会表里如一。如果你不能一直保持真诚，就无法赢得信任和尊重。信任会大大提升工作的速度和效率。不要浪费时间告诉别人你是可以信任的，要用行动证明。

2. 同理心——你必须向追随者证明你对他们的关心，并且时刻挂念他们的最大利益。如果你这么做，你的成员就会更投入也更有生产力。你或许无法和每一位追随者建立起友谊，但是如果你能够向他们展现出你的真心关怀，追随者就会更加喜爱你。

3. 可靠——你必须奠定稳固不变的基础，要让你的追随者觉得他们在任何时候、任何情况下都可以信赖你。

4. 希望——每个人都对未来抱持希望。如果你希望成为优秀领导人，你必须让大家觉得光明的未来就在不远处。卓越领导人会应对挑战、解决问题、克服障碍，并且开创出令人惊叹的未来。如果你希望大家能追随你，就要给他们希望。

要做到卓越领导，你就不能只是应对每天发生的状况，还必须为了组织的未来发展去推动有利的方案。不要对员工说“由于经济衰退，我们目前正在裁员”，而应该设法让自己能够对他们说：“即便我们目前业绩下滑，但是我们仍然在招募新人，这样才能在未来市场景气复苏的时候取得优势。我们希望公司的业绩在未来3到5年可以加倍成长。”如果你更多地着重于未来要达成的目标，少花点心力去应对急迫的需求，你的

员工就会用热情回应你。

关键思维

领导人就是能够通过他人把事情完成的人。

——沃伦·巴菲特

我或许无法和各位并肩抵达，但是今晚我希望让各位知道，我辈众人终将抵达应许之地。

——马丁·路德·金二世

领导人会忠于真实的自我，然后设法确保在自己身边的是合适的人才。相较于对自己充满自信、懂得找来长处互补的伙伴的领导人而言，那些身边的下属都是和自己性格相近的领导总是处于劣势。优秀领导人一向会去寻求那些在特定方面优于自己的人才。

优秀领导人会吸引成员追随。要让你毕生的工作和使命能够永续发展，不仅自己要成为领导人，还要培养其他跟随你的人成为优秀领导人。正如渣打银行董事长梅文·戴维斯所说，除非你能够随时举出一连串你曾经栽培出来的人才，不然你可能就是靠运气才坐上了领导人的位置。这就是为什么戴维斯会要求他直辖的下属列举出他们培养的人才，并且让他们对于自己领导的下属也做同样的要求。他很清楚，造就深远影响的唯一方法，就是要建立一个由坚强领导人组成并自力成长的网络。

最杰出的领导人会名留后世。想想你尊敬的领导人，不论他们领导的是国家、组织、社区还是家庭，由于他们塑造了你的想法和信念，他们现在仍然留在你心中。即便你可能一时没有注意到，但是优秀领导人确实会永久改变你的人生方向。对于领导人的终极试炼，不是他目前能做到什么，而是他遗留下什么能够永世长存。

——雷斯　康奇

发展高级领导力的教练指导

文/林妍希

培育人才需要时间

良好的能力培养是需要通过多种方法实现的，不论发展的目标是为了强化领导力、商业技能还是改变态度，这个过程都需要时间，不要期望立竿见影。每个人学习、进步的速度都不一样，他们是不是具有强烈的想要提升自己的动力？是不是愿意投入时间？即使答案都是肯定的，目标的难易程度、组织文化与环境是否能提供资源与支持等，都可能影响其发展速度。一蹴而就的奇迹是不太可能的，这是一个需要计划和长期投入的过程。

发展高级人才的战略选择

组织在确定高级领导人才需要发挥与发展的能力后，必须在工作历练、应备的专业知识与技术、高级管理能力等方面，选择最切合需求的个人发展方案。给予符合特定发展目标的任务机会、轮换不同角色与单位以强化历练、参加系统性的技能训练课程和专业辅导，以及重新调整现有职责角色等都是培养人才的方法。

培养能力时，可以从下面几点考虑。

1=不易培养	2	3	4	5=容易培养
工作适配性 组织适配性 正向思考	诚信 自觉力 商业敏锐度 勇气 企业家精神 领导风范 组织政治敏锐度 驱动结果 学习成长导向	EQ 建立策略性方向 日常运营决策 愿景领导	指导与发展人才 发展人脉 客户导向 驱动执行 财务敏锐度 全球敏锐度 影响力 引领改变 发挥多元性	培育组织人才 发挥影响力的沟通 授权委责 团队领导

（资料来源：DDI职能）

下列几项要点可以协助克服或降低特定弱项能力在工作上可能产生的负面影响。

（1）确认对象想要提升该弱项能力的动力有多少：

行为的改变不是一朝一夕可以立即看到成果

的，因此对象改变的意愿与动力是非常关键的要素。如果对象有想要改善自己的动力，自然有助于其发展难以培养的能力。

（2）与对象讨论如何善用其原有的强项来补强其能力弱项：

一个人可能不善于创新却有很好的领导能力，那么他可以让那些有创新力的下属去负责相关的事务，不一定要亲力亲为。

（3）把握优势互补的原则：

把优势互补的两人分配到需要两者能力相结合的职务上，以提供他们相互学习的机会。

（4）引进专业的外部教练协助发展高级管理人才：

“高级教练”可以针对高级主管进行一对一的指导，教练必须和高级主管共同制订要发展的特定目标，而后教练会依据该发展目标协助高级主管有效发展自己。

高级教练指导：高级主管的家教

一对一高级教练指导是近年来日渐被台湾地区企业接受的新兴方法。企业高级主管通过教练指导的方式来提升自己的领导力，其观念主要来自运动界，例如球员与教练，球员的职责是打好球赛，而教练的职责是尽其所能协助球员发挥潜力以展现高绩效表现，达到目标。鉴于教练在运动界的成效，管理学家将其引进企业组织，作为另一种个人发展的途径。

高级教练能提供多方面的协助，包含如何接任上一级的管理职务、强化特定的领导技能、提升自觉力、调整心态等。训练的方式与时间需视对象情况而定，通常开始的前3个月，会安排至少每两周一次教练与被指导者的讨论，3个月后则根据具体的进展调整为每月一次或维持既有方式。

最近两三年，台湾地区一些企业不乏运用高级教练来加速培养高级主管领导力的成功案例。

汤姆便是一个典型例子。他是一家运输公司的助理，该公司需要新创意和新方向，但高级管理团队普遍认为这些领域不是汤姆的强项，担心他不能在副总经理的职务上有所作为。不过，大家看到汤姆对工作极为负责与投入，因此决定通过高级教练的指导来帮助他提升创造力。教练、高级主管和汤姆，一起从行为的角度来处理这个问题，一起制订能使汤姆有创意与创造力的行为训练计划。例如：在每一次与同仁的会议中，汤姆主动寻求他人的新创意，鼓励大家开动脑筋，热情回应大家提出的点子，而他自己也尝试用不同的角度来寻找新的可能性。最让大家惊讶的是，汤姆为了表现出一个更富有创意的形象，甚至改变了自己的衣着风格。经过一年的时间，他成功地改变了自己在他人眼中原有的刻版印象，终于顺利地晋升到他期待的职务，并带着团队推动了几项前所未有的创新与变革。

高效能的教练通常被企业看作是人才培养发

展战略上的合作伙伴。由于在指导的过程中教练可能面对广泛的挑战性议题，包含团队管理问题、企业内部的矛盾、主管自身以及家庭方面的压力等，因此教练通常需要有一定的商业经验、洞察力、指导技巧，尤其是他们要能快速赢得高级主管即被指导者的信赖，使高级主管们抛开强烈的自我意识，从彼此讨论与互动的过程中获益。

组织成功引入高级教练方案的关键要素

企业如果想要引进高级教练并确保一定的成效，务必检视下列8大重点：

（1）高级管理团队积极驱动培育组织人才，且以实际行动全力支持。

（2）具有明确的领导力标准。

（3）欲接受教练指导的高级主管必须事先完成领导力评鉴。

（4）确保教练的专业与经历符合所需。

（5）确认教练与受指导者的契合度适度。

(6) 确保教练充分了解组织与受指导主管的领导力评鉴结果。

(7) 进行充分的高级教练项目沟通，厘清相关的职责角色，例如高级CEO、受指导者、人力资源单位、教练等各自要做的事。

(8) 高级管理团队定期检视指导与发展成效。

组织培育人才需要时间与高级主管的全力支持。根据经验，组织从开始建立人才培育制度，到环境内大家有此观念、共同语言与行动，至少需1年以上的时间。充分的沟通、明确的目标以及赢得高级主管的认同，是成功的开始。

作者简介

林妍希（Yenhsi Lin），加入DDI团队之前具备多年组织业务与运营管理的VP职务经历，深谙高级领导之道。她于2000年进入美商顾问公司，担任亚太区资深顾问一职，提供人才遴选、潜力评鉴与高级领导力发展等方面的顾问咨询，期间远赴美国普林斯顿、日本东京接受专业的人才评鉴训练，于加拿大完成企业高级教练训练。2006 年 11 月，林妍希加入 DDI 顾问团队。客户对其专业赞誉有加。她在领导潜力评鉴、精英培育、企业高级教练指导等方面，深受好评，成为客户争相指定的专业顾问。

公司逆袭 15 心法

Profits Aren't Everything, They're the Only Thing

No – Nonsense Rules from the Ultimate Contrarian and Small Business Guru Work and Life

原著作者简介

乔治·克卢杰（George Cloutier），毕业于哈佛大学和哈佛商学院，现为美国合作会主席，美国管理服务公司首席执行官。克卢杰曾被美国《商业周刊》形容为“逆转王”，因为他的顾问公司曾让超过 6000 家中小企业扭亏为赢。美国管理服务公司创立于 1968 年，创业资金只有 4.2 万美元，如今年营收超过 2000 万美元。

本文编译：王约

主要内容

简单直接的获利准则

克卢杰以进攻性与不近人情的管理风格而出名，他在管理上的建议就是全心投入并且承担所有的责任，例如“开除你之外的每一个家族成员”“周末是用来工作的，不是用来照顾小孩的”“绝不准时付款给你的供应商”“别再打高尔夫了，回去工作”“如果你的公司在不景气时倒闭，那还是你的错”。克卢杰用最严厉无情却又真切实在的方式，帮助老板摆正经营事业的心态，让老板在不景气时也能持续获利。想要达到成功，就应该心无旁骛，撇开所有与获利无关的杂事、开除所有无能的员工，并且放弃不能带来利润的产品。

这些做法看似不近人情，却有它的合理性。例如克卢杰建议根据员工的业绩来支付薪水，他

说："不要对员工承诺薪水，也不要根据员工的业绩目标或计划来支付薪水，而要根据员工创造出的业绩支付薪水。他们曾经承诺说自己会是个优秀的接待员、生产经理或业务员，现在要让他们必须用业绩来说话。"

开除员工被许多企业老板视为难题，但如果不开除不能胜任的员工，公司就无法继续前进。合理地开除员工会在公司内产生正面效应，让其他员工清楚地了解公司是以绩效作为评价的标准，因此更卖力工作。开除无能员工是公司抛弃包袱、全力冲刺的好方法。

虽然讲求人性、弹性的管理理论越来越多，但也有许多大企业一直采用纪律严格的管理方式。台积电晶圆厂不论何时总是灯火通明，工厂里高挂着各式显示器，24 小时展现出各种生产线上的产出数字、合格率，一旦有未达目标的数字出现，相关人员便立即围聚讨论，在最短的时间内将问题排除。许多企业也认识到，唯有严格

要求才能打造一流的团队，他们学习西点军校的管理方式，即无论遇到什么状况，人们都不可推诿责任，也不允许有任何借口，他们希望通过严格纪律带来最高绩效。

戴尔电脑在经营中讲求的就是在最短时间内得到获利的实际作风。戴尔文化是对现状永不满足，不花时间在庆祝上。戴尔常说："庆祝一下子就好，赶快往下一个目标迈进。"当亚洲第一个工厂落成时，戴尔公司寄给负责主管一个包裹，里面装的是戴尔穿过的慢跑鞋，暗示这只是马拉松赛的第一步。

戴尔公司对成本控制也非常重视，戴尔前首席执行官凯文·罗林斯说："别家公司的员工如果发明新产品就能成为英雄，但想在戴尔成为英雄，得找出办法让公司省钱。"戴尔文化要求每花1元钱要能赚回2元钱，如何省更多、赚更快才是戴尔公司最关心的事情。因此戴尔公司在投资计划上极其谨慎，如果一个新业务稍有不佳，就会立刻结束这项业务。

要解决经营中的问题其实很简单，只要经营者永远把获利摆在第一位，并且切实竭尽所能地为公司创造最大获利。面对真相，找出问题，专注在能为公司带来获利的事务上，不论经济是否景气，都能让企业获得成功。

永远把获利放在第一位

如果你在经济不景气时赚不到钱，千万别怪经济环境，那只是现成的借口，你应该自我反省去找出问题的症结。如果你的公司利润下滑，那是你的错。要不要设法解决，完全要看你自己。所以别再找借口，而开始着手想办法吧。只要你肯认真挖掘真相，大概就会发现大部分问题都出在公司内部，是你自己造成的，你只是没有去做明知该做的事情。你只有面对严酷、残忍的事实，才能解决问题。

要解决你所有的问题，其实再简单不过：只要永远把获利放在第一位，竭尽所能让公司创造最大获利，不遗余力地去达到应有的获利目标。用热忱和决心去实践“获利 15 准则”，在今日为别人所不为，就能在明日取得他人无法取得的成

果。你能有多成功，完全看你自己。

关键思维

要获利，就必须坚定不移地把精力投入到自己的事业上。我在全国的巡回座谈会中都会问与会听众："用1到10分给自己打分数，你觉得自己的工作能打几分?"很多人都给自己8分和9分。我一直很惊讶，竟然那么少人给自己10分。我告诉他们，如果没有给自己10分，那么根本就不够努力，而这也就是他们赚不到钱的原因。商场之道并不复杂，说穿了就是看你多精明、工作多卖力，经济是否景气都一样。

——克卢杰

一　获利是唯一的评价指标

创造多少利润，手上有多少现金，是唯一的商场评价指标。

你必须想办法越过任何妨碍你的人或事，不让这些障碍阻止你达成经营事业的目标：努力创造利润。要创造最大利润，你应该投入所有时间、精力去做一切必要的努力。

请问问自己："我如何评价成功？"不要订出各种空泛的评价指标，例如：

◎拥有最大的市场占有率。

◎成为业界龙头。

◎员工达到一定人数。

◎给教会或慈善机构的捐赠达到特定金额。

◎每个月业绩达到一定数字。

◎私人游艇达到一定规模。

◎顾客欠款不超过一定金额。

这些事情本身当然也很有意义，但归根结底，最要紧的还是你每个月底剩下多少利润。你公司的获利能力高低，才是真正的关键。账面获利是很重要，可是拥有稳定的现金流才能先继续稳定经营，然后再向前迈进——要先有办法支应薪资、税金等支出，才能继续经营下去。

有鉴于此，你应该做到以下几点：

◎要根据利润来经营事业，以获利和现金作为评价公司健全与否的唯一指标，其他都只是参考因素。

◎养成习惯每周制作损益表，清楚地掌握财务状况。必要的话要削减开支，直到获利为止。要全力创造现金流，并且削减开支。

◎如果资金吃紧，就削减开支，然后再继续削减更多开支。

◎要严格把控财务，应收账款到期了就要收回，让账面获利转换成银行户头中的现金。不要

让财务控制变得松懈。

关键思维

你要狠得下心，如果必须开除家人，就去做吧。你有能力获得最大利润、解决问题，并享受美好人生。你必须决定是要建立强盛而稳健的事业，借此成为社会的中流砥柱，还是要浪费时间吹嘘和做白日梦，让自己以为自己成就非凡。

如果你真有获利，就不会有现金流的问题。不论经济大环境有多糟，只要你好好保留自己的盈余，并止住所有资金的流失，你应该就能高枕无忧，让自己的银行账户里有充裕的资金。一旦经济回暖，你拥有的大量可用现金足以让自己享有丰厚的收入，然后再投资于新的事业获取更多获利。

——克卢杰

二　摊开账目，不要再否认现实

摊开账目，面对现实。如果获利没有达到一定的标准，就要找出问题并加以解决。不要拖延时间，要赶紧行动。

当公司经营不善并开始亏损，人往往会把公司的困境怪到别人身上，例如：

◎经济环境整体不景气。

◎银行的要求不合理。

◎客户拖欠款项。

◎为你提供咨询服务的公司差劲。

◎个人处境不好。

◎供应商出了问题。

错，快清醒过来，重新振作起来。如果你还假装自己在赚大钱，那就是你的错。你必须面对残酷的现实，扛下所有事情，这是反败为胜不可

或缺的一步。要真正做到反败为胜，唯一的办法就是要先将所有事情摊开来，然后着手解决问题。

要毫不留情地审视自己和事业，这可能会很伤自尊，但是一定要做到。商场上的现实是，每天你都会面临一些你不想做的事情，面对现实就是其中之一。不要浪费时间去做其他事，深呼吸一下，然后先着手完成你最重要的职责。

假如你真正诚恳地面对自己，大概能想出一大串“待办事项”，这些事项因为你觉得很辛苦、不愉快、不自在，所以被刻意搁置下来。也许是你必须打电话给银行重谈信贷额度；也许是你必须和部门主管开会讨论他们绩效欠佳的状况；也许是你必须打电话给一个大客户，因为有传言说他会选择跟其他公司合作。有谁不想奔赴高尔夫球场而丢下这些事情？然而无可否认的现实是，你是老板，这些事情拖越久，你就会越难面对。

尝试找出公司在哪里流失资金，尽全力去堵

住缺口。你是老板，所以不能把这件事情丢给其他人。采取行动、摊开账目，找出问题出在哪里，然后尽全力让公司快速成长。

三　先付给自己薪水，不要想累积血汗股权

先付给自己薪水，不要累积血汗股权，这是你应给自己的待遇——你就是老板。

竟然有那么多企业主认为，在创立事业时不应该支领任何薪水，这实在很令人惊讶。创投家将之称为“累积血汗股权”。但这其实表示你在做白工，希望未来可以赚一点钱——这么做可能行得通，也可能行不通。

如果你的公司无法为你的工作支付符合市场行情的薪水，那就是个严重的警示，由此可以看出，你目前的运营模式不实际且不能持续。你应该先付给自己应有的薪水，毕竟所有风险都是你在承担，所以你也应该要获得报酬，这才算公平。

血汗股权是个错误的概念，理由包括：

◎光靠个人的自我牺牲无法领导公司。当然，在时局艰难的时候，你应该准备跟大家一起减薪，但是如果只有你减薪，问题会更严重。假如你没有付给自己应有的薪水，那么你大概也就无法吸引到顶尖人才并且付给他们合理的薪水。

◎假如你自己没有赚得丰厚的收入，就会失去动力。大多数人创业是为了享有更舒适的生活。如果你的创业所得比为人打工赚的钱还要少，是不可能坚持下去的，即使你认为未来有机会赚大钱也无法支撑你现在的行动。

◎少付薪水给自己，可能会掩饰公司其他方面的严重问题。如果你无力付给自己优渥的薪水，同时让公司维持相当的获利，那么你的定价、成本和采购程序可能都需要整顿。

◎如果你不支付高于其他人的薪水给自己，会严重削弱你的领导地位。薪资会影响别人对你的看法。大老板一定要领高薪，否则你的威信就会扫地。

◎当你付给自己优渥的薪水时，就可以让大家知道，他们的努力也会有收获。大家会相信公司将唯才是用，不会有考虑绩效之外其他因素的不公平状况。

◎给自己应有的加薪，就好比打了强心针，可以让你振作精神，而这常会转换成更亮眼的业绩，甚至是更明智的运营决策。

四　想成功，必须把事业摆在第一位

创业非常耗费心力，必须把事业摆在家庭、兴趣等目标之前，全心全力追求成功。

要建立和经营成功的事业，需要完全的投入。你必须愿意作出牺牲，在必要时全年无休。假如你不能下决心把公司的利益放在个人兴趣之前，那么你是不会成功的。

换句话说，想成功必须要全心全意投入。有时候，创业会与你想跟家人、朋友或社团相处相冲突，这几乎是不可避免的。你得在周末工作，错过你想参加的体育和文化活动，也无法再像别人一样定期度假。假如这对你来说是个问题，你应该现在就把公司卖掉，去别处找个朝九晚五的工作，准备好过吃不饱、饿不死的生活，没有全心努力，就只能过这种生活。

财富成功　　其他兴趣

毫无疑问，要在追求财富成功和满足其他兴趣之间取得平衡，需要好好拿捏。你的亲友现在可能对你错失和他们相处的机会感到不满，但是等他们享受到更稳定的财务为他们的人生带来的长期利益时，那些不满就会烟消云散。

事实上，只有你才能整顿公司，让公司快速成长。而要做到这点，你必须把事业放在第一位。

想要拥有高超的获利能力，你必须准备好不分日夜地努力工作。要是你星期五下班时间一到就丢下工作不管，直到下星期一上班才又回到工作中，你的事业注定无法做得很好。要想取得重大成就，就必须做到100％地投入。如果无法付出这样的努力，就不可能取得事业成功。

五　一流的家族企业只有一个家族成员

企业用人不能用亲属，应该跨出家族观念的框框，去找寻最适任的人才来担任空缺的职务。感情与事业不能混为一谈。

大概有 60％到 70％的企业是家族企业，而且这些企业的创办人都希望自己退休后把事业交给儿女或亲戚来接手。这是个美好的幻想，在现实中很难成真。要找到优秀人才接手就够难了，如果你再只从自己的亲戚当中挑选，那简直就是难上加难。

想要让自己的公司卓绝出众，就要根据员工的资质和能力安排合适的职位，彻底摒弃找家族成员的想法。如果这对你来说很难做到，可以参考以下几个中肯的建议：

◎如果家族成员想做其他工作，而不是进你

的公司工作——那就这么办。给他们经济上的支持，让他们去读书或接受其他领域的训练。长远来看这对你比较好，对你公司的未来发展也会是合理的投资。如果你总觉得对某位家人有所亏欠，那就给他经济补偿。

◎引进外部人才——通过引入优秀人才让家族成员知道，如果不努力，就会被炒鱿鱼。指派外部顾问暂时担任部门主管，由他对部门进行整顿。

◎倘若你基于某种理由非用亲戚不可，那对他和所有员工要一视同仁——换言之，薪水要一样、绩效要一样，而且对此要完全公开透明。

◎要向家族成员强调，私人问题绝对不可以拿到办公室来谈，而是要在家里处理好。无论如何，都不能允许家庭生活影响事业。

关键思维

家族企业的大部分问题都是因家庭成员的能力不足造成的，即把工作交给了不能胜任工作的家族成员。如果你要找出色的业务经理，却选中一个需要薪水糊口的家族成员，那真的是非常愚蠢。正常来说，你应该发布广告，从一大堆拥有业务和业界经历、有成功表现、对争取这个工作具有强烈企图心的人选中选出最顶尖的人选。从一两个亲戚里头挑一个来担任攸关公司成败的职务，借用《星际迷航》中史波克所说的话就是：不合逻辑。

——克卢杰

六 授权，然后以事必躬亲为荣

不要以为将工作授权给某个人负责，这项工作就会做好。你必须事必躬亲，在错误发生之前把它们揪出来。

企业常见的授权方式是：

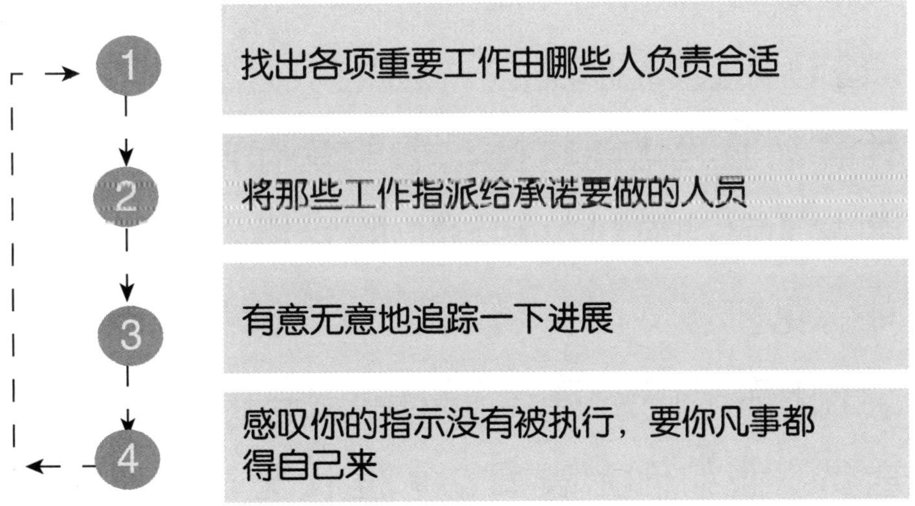

这种做法对大企业来说或许还可以，可是这样的错误可能会让中小企业出现问题。与其授

权，倒不如尽量事必躬亲。坦白地说，你应该考虑把“控制狂”的封号当成一种荣誉徽章。

事必躬亲对企业创办人来说是一种生活方式。这代表着你必须花更多的时间投入工作，而如果这能让你的账户上有更多现金，那就是值得的。根据经验，你绝对不可以有超过1个星期不去深入探究、不去确实掌握最重要部门的情况，而且最好要求下属每天报告当日情况。

事必躬亲之所以有用，有几个简单的原因：

◎让你过得更轻松——因为在经营自己事业的时候，了解就能掌控，掌控就有自由。倘若你能事先了解目前状况和可能的发展，就可以迅速应对变化。

◎让你了解资源运用的状况——了解这点非常重要。假如你无法事先掌握状况，你的资源可能很快就会耗尽。

◎让你不必去信任其他人——你要事先掌控一切，在这方面以前的资料会大有帮助。在处理

现金方面，血淋淋的教训一再证明，你不应该信任任何人。

◎让你认真去建立健全制度——如果你不得不将权力移交给其他人，健全的制度会是很好的保障。建立了完善的制度，就可以在其他地方管理公司，即便是在医院的病床上也可以。建立了完善的管理制度，你就能掌握一切，不必依靠他人。聘请来的人责任心就算再强，也绝对不会像你一样用心管理你的事业。事必躬亲会让你降低事业失败的风险。

总之，事必躬亲在商业媒体上招致非议，不过你应该每天都这么做。要尽量发挥智慧，制定明智的制度，可是绝对不可以让出你对事业的主导权。

关键思维

如果你在开会时关掉手机，告诉你的爱人没有要紧事不要打电话，他（她）可能会大声抗议；如果你赶不上宝贝儿子或女儿的棒球比赛或芭蕾舞表演，他们可能会非常生气。可是告诉你一件事：他们更希望你财务稳定，不愿见你辛苦却赚不到钱。然而只有你才能让公司发展，但如果你一天要接听 14 个私人电话，每周要参加 3 次亲子活动，你就不可能取得事业的成功。

——克卢杰

七　制订扎实的事业计划，并且奉行不悖

要制订财务和运营计划，并且每天奉行不悖。要始终将获利放在第一位。

大多数中小企业主除了简单的构想之外，根本没有财务或运营计划。这是个严重的问题。因为如果没有完善而严谨的计划，你的事业就很可能失败，原因如下：

◎ 你将无法判断自己是否获利。

◎ 你将无法找出哪些流程需要改进。

◎ 你将无法改善目前的状况。

企业主往往还会运用所谓“剩余预算”的计算方式，这种方法就是说，你先估计营收可能会有多少，然后算出可能的成本会是多少，如果一切顺利的话，剩余的差额就是你的获利。这个做法就好比事后诸葛。

要用“获利优先”式的计划来取代剩余预算法：

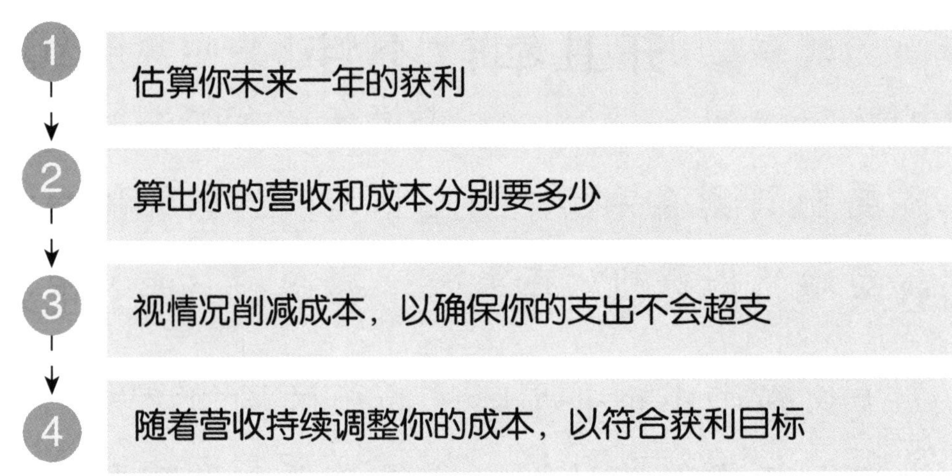

把创造特定获利目标当成是第一要务，在接下来的一年内你就可以及时调整。譬如说，如果你的营收比预算低15%，那么你就知道必须相对降低销售成本等运营支出，以确保获利。先定出获利目标，你就会知道自己得用扣除掉获利的结余来经营公司。应该要抱持这样的经营心态。

“获利优先”让你没有空间否认、妄想或出现漏洞。这可以让问题明显凸显出来，还可以让松散的运营流程不再造成负面影响。简言之，“获利优先”可以严格控制财务，让所有人都负起创造获利的责任，而不只是考虑开销。这跟大多数中小企业相比，是截然不同的。

不过要切实让员工了解你的计划，并且要让他们负起责任。要做到这点最有效的方法就是提供物质奖励，让大家努力在预算和时限之内达成目标。

关键思维

为了获利而牺牲运营支出，对大多数企业主而言是很怪异的概念。可是只要他们看到其好处，就会欣然接受。重点就是要严格控制。你自己必须负起创造获利的责任，每天、每星期、每个月调整成本。经营中没有成本是真正固定的，你要学着不去依靠很多事情。

乐观当然很好，可是我遇到过许多企业主，居然说不出来他们的银行结存是多少。他们应该每天进公司，然后问自己和每位员工最尖锐的问题。只要他们面对现实，就必须毫不迟疑地去处理非做不可的苦差事，譬如开除员工。拖延不利于你直面现实，这也就是为什么我会告诉客户：先做你不想做的苦工！

——克卢杰

八　永远依绩效付薪

把员工的薪资结构改成至少30%依绩效而定，最好是100%。

只有薪水才能驱策你的员工。假如你够聪明，你就会立刻冻结每个员工的固定薪水，并制定出富有激励效果的制度，让员工为了赚更多钱而更加卖力。每个人的薪水都应该要有30%到100%根据工作绩效而定。

在刚开始提出这样的做法时，一些员工会说他们宁愿离职也不愿接受这种制度。没关系，让他们另谋高就。最卖力工作的人会喜欢有这样的赚钱机会，因为这会大大提升他们的薪资。

那么在工作中该如何实施根据绩效给薪水的制度？你必须视情况来调整实施方式，但是有一些经验法则可循：

◎先从业务人员开始实施，让他们的薪水100%依绩效计算。用既有信心又积极的新人来替换掉不认同这种制度的人，这样足以让公司大幅进步。

◎其他人的薪水至少30%依绩效计算，并设定评估每位员工绩效的指标。即使是坚定支持工会的员工，也会紧紧把握这个机会，让自己可以依据工作绩效赚得比基本薪水多10%到25%。

◎每月和每季检查绩效，然后具此调整薪水，不要等到年终才做。如果有员工表现突出因而获得可观收入，除了悉数支付薪水之外还要进行表扬。清楚地告诉员工你希望大家都可以根据销售业绩赚到大笔的收入。

◎灵活运用依绩效付薪制度，而且对于绩效不佳者还要扣钱。要成功运用依绩效给薪水的制度，胡萝卜和大棒缺一不可。要让这套制度尽情发挥其效用，如当你让员工的钱包“受伤”时他们一定会打起精神、提高警觉。

◎要敢于让组织去芜存菁。如果有资深员工不愿意接受绩效考核和依绩效计薪，就请他们离开。在这种时候，要给这些资深员工优渥的离职金，另聘更有进取心的人才。只要让聪明又能干的员工能够获得应有的报酬，他们会很乐见有这样的机会证明他们有真本事。

关键思维

记不记得通用公司曾裁掉绩效在倒数 1/3 的员工？你应该让韦尔奇跟你比起来就像是只温驯的小猫咪。千万不要容忍表现不尽如人意的员工，你的公司发展不允许你这么做。依绩效付薪的方法是行得通的，你不会因此失去优秀人才，因为发绩效奖金会让员工的收入增加，而如果他们无法完成任务，收入就会变少。依绩效付薪会带给员工更大的安定感，因为每位员工都可以通过数字证明自己对公司的贡献，而且没有中小企业主会开除能为公司赚钱的员工。

我听得到你在问："除了家人还有谁可以信任?"这种心态往往会把你直接送进财务大坑洞，让你永远爬不出来。在经营自己事业的时候，谁也不能信任！认为你的亲戚会像你一样在乎公司，根本就是大错特错。

——克卢杰

九　要知道，你是在经营事业，不是在比人气

“敬畏”是经营事业最有效的激励因素。让大家清楚了解你的要求，而且不接受任何借口，就算大家不喜欢你也无所谓。

你经营事业是为了要获利，不是要来交朋友。因此，你应该坦然接受自己变成职场的独裁暴君，还要树立“不要想，要服从”的心态。这是你身为老板的权力，而且不需要任何理由。

你应该抱持的心态是：只要大家敬重你，就算他们不喜欢你也没关系。和你的人马一起在最前线打拼，做好该做的事情，借此建立你的地位，可是永远别让员工忘了你是老板。担心丢掉差事会是强而有力的激励因素，你应该善用这一点。

你不必摆出国王的架势，不过应该表现得像

是指挥部队的将军——下达明确的指示并制订精确又详细的运营计划，借此赢得大家的敬重；要让大家用数据来经营，要专横地贯彻命令而且永不放弃，还要树立这样的心态：成败论英雄。

关键思维

大多数员工都希望有强势的领导，都渴望纪律严明。所有关于团队合作的传统观念因为理想崇高，听起来好像很吸引人，不过员工内心真正想要的是明确的指令。他们希望有人告诉他们该做什么，希望了解自己的位置。

——克卢杰

十　经营事业是要获利，不是要付钱给供应商

在商场上，现金流就是命脉。永远不要按时付钱给供应商，要尽可能延迟付款，这相当于获得了不必付利息的贷款。

这听起来或许太过极端，但是经营事业就是为了获利，不是为了付钱给供应商。要竭尽所能地延迟付款给供应商，因为他们是最佳的免息融资渠道。

如果你很聪明，就永远不会准时付款。现金流对任何企业而言都是非常重要的，付款给供应商的时间拖得越久，就越有机会利用他们的现金替自己赚更多的钱。

这并不是要你说谎，绝对不要这么做，因为那只会在未来制造更多问题。只要你在供应商打电话给你时含糊其辞，不承诺你会在什么具体时间付款，请对方过几天再打电话过来；到时候，再要求对方给予 60 天的付款期限，而不是 30 天，然后比到期日再晚几天付款。你可以与你的供应商谈判，找出他们能给你的最优惠条件，然后再根据那些条件进行协商。你的供应商需要你的生意，正如你需要你的顾客一样，所以提出要求时可以大胆一点。事实上，你的供应商应该比你更容易取得资金，而且大概也比你更懂得如何应付延迟付款的问题。

随时和供应商沟通你目前的状况，不要逃避他们或拒绝跟对方沟通。你的目标不是要破坏你们长久以来的关系，而是要设法让你的公司取得优势。何况，大企业早就在运用这种方法，这一点对你的公司也会很有帮助。大企业有各种各样的方法来免费利用别人的现金，你不过是在照着学习罢了。

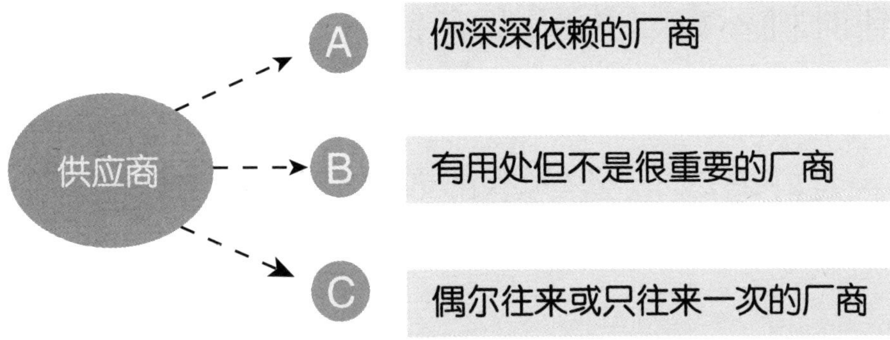

你可以将供应商分成A、B、C三个等级，然后据此设定付款期限：

◎A级供应商的付款期应在30或35天。

◎B级供应商的付款期应在60天。

◎C级供应商的付款期应在90天。

关键思维

要诚实而且公道，不要虚张声势但要圆滑，接电话拖延付款时间并进行协商时记得要客气一点。你能谈成的条件会让你很惊讶，尤其是在经济不景气的时候。你的供应商过年过节可能不会寄卡片给你，那又如何？至少你会有充裕的现金流让公司生存下去。现金就是企业的命脉。万一遇到时机不好、你又没有钱但却必须纳税或付薪水的时候，你就必须有钢板一般的厚脸皮。这可能不太好看，但是绝不能让财务出状况。

——克卢杰

十一　假如你不得不申请破产，要越快越好

假如你要根据破产法进行重整，要越快越好。运用法律的优势，就能建构出有利的重整方式。

在某些情况下，公司确实有必要申请破产并进行重整。这听起来可能很吓人，却是完全正当合法的程序，可以让濒临倒闭的公司进行重建和重整，避免沉重的财务压力雪上加霜。如果你真的走到这一步，切记，在这种情况下，时机最重要。

如果你申请破产，你目前大部分的债务都可以暂缓偿还。虽然法院会加以监督，但身为公司“持有资产债务人”的你，还是可以主导公司的运营。你可以经营公司，并利用收入的现金来支应目前的开销。虽然破产重整绝非光彩的事情，

但可以让你打下更稳的根基，在未来浴火重生。

假如你真的必须申请破产，要越快越好。好好运用《破产法》带来的充足收入来源和资产，不只要让企业生存下去，还要从头开始重建你的事业。偿债可能会带给你在未来重新振作的神奇能量，有非常多成功企业都曾在过去某个时间点有过破产重整的经历。

世界上之所以有《破产法》是有其道理的，它能提供激烈但合法的方法，使苟延残喘的企业得以进行重整，迈向更光明的未来。伴随破产而来的污名，会让人很难下决定要申请破产，然而有时候困难的选择才是正确的选择。你要承受难堪的局面，勇敢向前迈进，为公司开创未来。

十二　把业务人员当成最好的朋友

不论时机好坏，都要全心全意创造更多的业绩。要让业务人员走出办公室，挽起袖子干活。

商场上的现实是，公司的成败取决于公司业务人员的才干和绩效。要规划并执行严谨又有效的业务策略，要跟他们密切合作，做到以下几点：

◎走出办公室，与客户进行沟通，亲自去了解他们的意见。

◎制订长远而周密的业务计划，不要想到什么做什么。注重电话营销、顾客服务和定期的营销活动；搜集名单并建立顾客资料库，以便提出后续的促销方案。

◎密切监督业务团队。好好跟他们相处，了解现状。出席他们的会议，跟他们一起进行电话推销，还要每天阅读业绩报告，切实做到必要的事情。

◎提供给业务团队具吸引力的诱因。奖励业绩出色的人员，而如果他们业绩不佳，就开除他们。

◎不要因为整体市场表现好而志得意满，要持续进行必要的基本营销活动，不断努力让销售活动更加完善。要提升业绩，必须永远都保持饥渴的状态。在市场降温之前，赶紧走出去寻找新顾客，因为市场一定会波动。

◎要好好把握住你的顾客，不能让他们在走出你公司的时候没有留下姓名和联络方式。设法得到更多相关资料，然后每个星期都要卖力去运用这些资料。要让顾客对你忠心耿耿，即使令你得意的业务高手另谋高就，顾客也不会选择其他的公司。

◎设法拓展业务范围，在新的地区开展销售活动。另外要想办法多拓展顾客资源，这样才不

会让大部分的营业额都只靠一两个大客户来支撑。

关键思维

我不在乎经济环境看起来有多糟，反正市场永远都在运作。只要你努力去找，一定可以找到生意。消费者永远都需要产品和服务，只要你够聪明又积极，当你的竞争对手结束经营时你就能轻松获得他们最好的顾客。如果你一直都在做应该做的事情，就会不断有新顾客上门。

——克卢杰

十三　别去想高尔夫、度假会议、商展等浪费时间的事情

不要浪费时间！让你的竞争对手去做那些浪费时间的事情，而你则要待在办公室认真地工作，努力拉走他们的顾客。

下面的活动都在浪费时间：

◎打高尔夫球。

◎举办主题艰涩难懂的座谈会。

◎出去开度假会议。

◎参加商展和各种协会。

在上班时间，除了工作之外做任何事情都是不当的，所以不要自己骗自己，你做的任何其他事情都只是在浪费时间和金钱而已。当你下次又想把时间浪费在无意义的活动上时，请谨记以下几点：

◎大家都说高尔夫很适合用来应酬、建立人

脉，而事实上，从没有什么真正有价值的生意是在高尔夫球场上谈成的。那只不过是乡村俱乐部为了合理化它们的年费和惊人的草皮保养费用而刻意塑造出来的故事。与其在草皮上玩耍，或者浪费时间在俱乐部喝威士忌，不如待在办公室拼命开发新顾客。

◎如果你忍不住想要举行度假会议，先冷静下来，自己列举出上次举行度假会议之后公司实行了哪些新构想。你绝对说不出来，因为度假会议、激励打气等活动，绝对都是华而不实的。这些活动只能让你心情愉快，却无法为公司带来实质性的收益。度假会议只是不工作的借口，如果你觉得确实有必要举行度假会议，就在周末或下班后在办公室会议厅里举办。

◎下一次你考虑参加度假会议时，要提醒自己，你是否得到放松不是最重要的，重要的是要知道金钱只会流向提供最大价值的人或公司，而且不会受你的想法或感觉所影响，也不会受你公司状况的影响。

◎参加商展和新产品发布会只不过是拿公司的钱去度假。商展只会吸引为了解市场来的人和光看不买的人，无法真正吸引到顾客。此外，就算你错过了产品发布会或是商展，参加展会的展商还是会想尽办法联系你，到你的办公室来拜访你。如果你真的是他们产品的潜在顾客，也很有把握他们一定会来拜访你，又何必浪费时间和金钱去参加展会？

对于所有会妨碍你或员工工作的活动，都必须提高警觉。资金是极其珍贵的，不能够浪费在毫无效益的活动上。竞争对手可能在打高尔夫球、带全公司参加度假会议、去参加激励大会和商展。当他们去外面浪费时间的时候，你正好可以努力拉走他们的顾客，那才是这些活动真正可以发挥的益处。

十四　过分强调团队合作是不对的

一个团队最薄弱的环节在哪里，发展就会制约到哪里。要给予员工稳固的领导和架构，然后着重于提升个别员工的表现。

抛弃建立卓越团队的念头吧，因为那是不可能的。要想成功，你必须营造出优胜劣汰的环境。如果一件事的后果是由整个团队来承担，就没有人会去做必要的苦差事。你要让员工只对你一个人负责，全力激发他们优异的表现。

把“团队”这个词从公司的字典里彻底删除。你应该把公司规划成好几个部门，每个部门负责特定的运营作业。每个部门一定要指派一名主管，负责掌管一切事务。各部门员工对他们的主管负责，部门主管对你负责，然后你再将必须由团队执行的工作整合起来。

还有，别再用“伙伴”来称呼你的员工。他们是你的下属，你们都很清楚。你付薪水给他们是要让他们贯彻执行你的经营计划，并且达到或超越你的要求。让他们知道你是强势而公平的，一切要对你负责，而如果他们表现不佳，就要承担后果。

在这种情况下，你应该抛弃为员工举办激励大会的想法。要开会，就要迅速而有内容。“为你做事有机会赚大钱”这个因素，应该足以激励员工；如果这样还不够，就要另外找可以受到那个因素激励的新人。假如你真的觉得有必要举行员工大会，就把会议时间定在下午 5 点以后、早上 7 点以前，或者定在周末。这样一来，会议绝对不会过长，也不会浪费应该用来工作的时间。

传统的商业观念是：团队中没有“我”——那简直是一派胡言。唯有你希望随便应付一下的事情，才可以交给团队去做。倘若你想要成果，就要把事情交由特定的人去做。要他们对你负

责、给他们必要的资源，然后持续监督他们的进度。给他们追求成功的金钱诱因，还有可以赚大钱的希望。

十五　问题不在于经济不景气，在于你自己

不要拿经济不景气当借口，应该赶紧采取行动，降低成本，积极提升业绩，并开除任何表现不佳的员工，力求反败为胜。

每当遇到经济不景气时，人往往会用它当借口来解释公司所发生的状况，或者会慢下来，等到经济回升，再回到原来的经营状态。不要再这么做，那只是借口。如果你的业绩下滑，资金也在流失，就要全凭你自己去处理，要认清新的市场现实，努力创造新的业绩。

赶快行动：

◎积极缩减成本，然后努力找出可以缩减的其他成本。

◎跟从前一样积极创造业绩。设立良好的销售漏斗，然后倒满业绩。

◎开除表现不佳的员工，改用积极工作的新人。

◎营销是能让公司成长的有效方法，诸如电话营销、网络销售等。不要以为生意会像以前一样自动上门，而是要走出去，争取到你需要的新顾客。

◎抛开幻想，专注于眼前必须做到的事情。

◎不要再购买奢侈品，把钱投资在事业上。

◎让员工接受完善的依绩效付薪制度，并帮助他们取得更好的表现。

◎不断进行调整，让自己每个月都能维持获利，而不是假设未来可以把获利补回来。假如这需要你立刻削减成本，就必须去做。

◎要求自己要更进步、更卖力，永不放弃追求获利。

◎要了解公司每天的财务状况，公司的损益表和资产负债表要能倒背如流。

◎公司的资金要亲自处理，不要允许任何员

工开出超过500美元的支票。

◎对公司里大大小小的事情要事必躬亲，对各项细节要更加注意。

◎每天持续寻找可以改进的地方。

◎决定你要创造多少获利，并且日复一日地专注于此。不要光是期望，而要让它成为事实。

关键思维

我们会告诉所有客户：按照我的“获利准则”去做，我保证你会一帆风顺。在经济形势好的时候，你会大赚一笔，并且永远不必担心下一波经济不景气时该如何生存。

——克卢杰

给主管的四个忠告

From Values to Action

The Four Principles of Values - Based Leadership

原著作者简介

哈瑞·克雷默（Harry M. Kraemer Jr.），美国西北大学管理学院管理及策略教授，教授MBA和EMBA课程。他也是一家私募股权投资公司的执行合伙人。他曾任百特国际公司总裁，并担任多家民营公司及非营利组织董事。克雷默毕业于威斯康辛劳伦斯大学和西北大学。

本文编译：林俊宏

主要内容

给主管的四个忠告

无论你是第一次当上主管，或已是经验丰富、身经百战的经理人，都请听取这四个忠告，重新审视自己的价值观。文中所提出的“价值观导向的领导”需要把握以下四大原则：自我反思、保持平衡、满怀自信与谦逊处世。首先，在领导别人之前要先引领自己，不时停下脚步反思目前有何值得改进之处，静下心来倾听自己内心的声音，进而树立个人的领导风格与做法。另外，也不该一味认定自己的假设是对的、其他人都是错的，因为领导者通常不会亲自执行公司的日常业务，所以更应该重视下属或基层员工的建议，并设法在公司短期目标和长期目标之间取得平衡。还要提醒领导者的是，真正有自信的人会为自己的成就自豪，但同时也能坦然面对自己的缺点与失败，而不灰心丧志或惶恐不安。不要认为别人公开提问就是在挑战你的权威，反而应该鼓励大家多提出意见，好作出最佳决策。最后别忘了，永远都要秉持初衷，保持谦逊的态度。谦逊处世比自吹自擂更能展现领导风范，让下属对你更加认同。记住这四个忠告，你未来的领导成绩将更加亮眼！

领导，先从正确的价值观做起

想要成为成功的领导者，首先要有正确的价值观，这样才能够激励与你共事的下属与员工，进而带领公司提升绩效、精益求精。价值观导向的领导者要先了解自己的信念，然后把握四大原则：自我反思、保持平衡、满怀自信、谦逊处世，然后通过种种实践行动，带领公司走上卓越之路。

所谓领导力指的是影响他人的能力，而价值观导向的领导，则是让领导者能够激励鼓舞他人追求最重要的目标。价值观导向的领导者会在其个人影响范围之内，积极致力于使世界变得更美好。价值观导向领导的最终目标就是要影响和你互动的人，让他们作出符合你个人及公司价值观的选择和决定，好让一切事务走上正确的方向。

成为价值观导向领导者的过程可分成三个阶段：

价值观导向的领导之旅

了解自己，把握信念	学习建立价值观导向的公司	带领公司从成功走向卓越
四大原则	六大实践	二大要点

一　了解自己，把握信念

成为价值观导向的领导者的过程就像是一趟旅程，旅程的起点和终点都在于价值观导向领导的四大原则。这些原则彼此紧密相连、互相依存，共同为价值观导向的领导打造一个坚实的基础。

原则 1　自我反思

想有效领导他人，首先必须能好好领导自己。而领导自己的关键就在于要定期进行自我反思。你必须不时地停下来，审视自己目前的表现，否则就不知道哪些地方可以改进并可能在未来取得更大的进步。

有些人看起来异常繁忙但成果有限，有些人却有很高的生产力，两者间的差异往往就在于能否自我反思。或者换句话说，自我反思能让“活动”转变为“生产力”。这不仅让你更明白了解自己身为领导者所作的各种决定，也能使各种决策更为透明，从而大幅提升你的领导威望。而你也能真正作出重大的决定——不要总是仓促决定，显得草率而能力不足。

许多新任的领导者都有远大的抱负，觉得一定要模仿亚伯拉罕·林肯、通用电气前首席执行官杰克·韦尔奇或是美国前总统里根才能当个成功的领导者。不论在何时何地，向他人学习都是聪明的做法。然而，真正的领导力深植在你的心中，而不是来自于模仿别人。想知道自己可以及应该成为哪种领导者，首先必须认清自己是谁，并把握自己的信念，接着用你自己最坚定的信念作为基础，树立自己的个人领导风格。

为什么自我反思有助于你成为领导者？这里

有几项重要优点：

◎自我反思可以作为一个警钟：它可以提醒你别太执着，要好好把握当下、享受生命，而不是想着不在自己控制范围内、未来还不一定会发生的事。这种重新联系的过程，可以让你与身边的一切更协调一致，成为更好的领导者。

◎自我反思可以让你作出更好的决策：因为你会花时间来了解你所面对的各种现实和决定。

◎对于眼前出现的各种机会和挑战，你会变得更加敏锐：因为你投入了时间和精力去思考你在过去面对各种情境时的处理方法是否得当，于是也就能在未来作出更佳的决定。

◎你能创造机会，弥补各种缺失：你现在真正做的与你应该做的，两者之间可能不尽相同，而各种一时冲动又太容易让人误入歧途。自我反思就能冷静下来，让自己想清楚现在的情势。

自我反思还有不受时空限制的好处，像是航班延误的时候，就可以好好利用这段时间，不要把时间浪费在无意义的事情上，而应坐下来想想过去的事，以及有什么可以改进的地方。抱持着这种态度，任何零散时间都可以变成反省和改进的机会。

自我反思并没有绝对正确或错误的方式，重点在于要找到适当的时间和地点，静下心来倾听自己内心的声音。对某些人来说，问问自己以下问题会有帮助：

◎我今天说过要做什么，而最后情况又是怎样的？

◎我原先的计划和最后的结果有何不同？造成不同的原因是什么？

◎今天哪些事情很顺利？哪些又不太顺利？

◎我今天待人接物的方式如何？我在这方面还有什么该加强的？

◎整体而言，我觉得今天如何？

◎如果有机会重来一次，我想改变什么？

◎我今天所学的，哪些对未来可能有所

帮助？

除了平常定期自我反思，很多领导者每年也会特地找出时间来做较长时间的自我反思。例如有些人每年会安排大约为时三日的静修，在过程中彻底自我反思。虽然这种做法不是人人可行，但至少可以每周或每天安排 15 分钟的反思时间，这会很有帮助。此外，平常也可以先将想反省的问题列成清单，如此一来，如果临时有机会可以自我反思，你就有明确的目标，可以立刻进行。

关键思维

要成为价值观导向的领导者，一定要学习如何花点时间先退开一步，好好自我反思一番。

自我反思是领导的核心。你越能反思自我，就越能了解自己，包括自己的长处、弱点、能力，以及有待加强的领域；你就越会明了自己相信什么，也知道自己最在乎的是什么。相关概念都清楚之后，你就能更有效地与他人联系及沟通。以对自我的认识作为基础，你的领导就能更稳固。

——哈瑞·克雷默

原则 2　保持平衡

领导者都知道，对任何一件事都不可能只有一种观点。如果只是一味认定自己的假设是“对”，而其他人都“错”，就无法找出真正最成功的方法。另外，这样的话你将不得不花更多时间说服别人为什么你的方法是正确的，真正花在做事情上的时间就会受到影响。价值观导向的领导者不会认为自己知道所有的答案，而是向团队中的所有人征询意见和建议，因此最后的决策会更健全。

请记住，领导者通常不会亲自执行公司的日常业务，但身为领导者，应该要多多考虑那些真正做事的员工的意见。如果忽视他们的建议，只想自上而下去规定某些事情，未来必定会出现许多问题。相反，如果聆听团队成员的意见，就可能会带出一支了不起的团队。你必须了解，身为

领导者并不是要知道所有问题的答案，而是要在团队成员提出各种建议之后，判断哪个是最佳的解决方案。

关键思维

所谓“平衡”，是指能够从各种角度和观点来看问题，甚至有时候是从与自己完全不同的角度和观点看。有良好平衡的时候，就不会只看到片面的某一点，而能够看清整体的影响，从而明确作出决定。不论是在专业或个人方面，追求平衡，都能够获得更丰富、更全面的观点。

领导这件事不是要讲民主。我认为领导者的作用是要让人人贡献心力、提出看法，而不是达成共识。如果决策只不过是投投票、少数服从多数，公司根本就不需要我。在理想的过程中，应该要了解团队成员最想要的究竟是什么，以及找出作出某项特定决策的根据。

——哈瑞·克雷默

短期 目标 长期

身为领导者，另一项要达到的平衡就是短期目标和长期目标之间的平衡。这不太容易做到——一方面需要产生短期即时的效果（例如达到销售和盈利目标），一方面又不能忽略有益于公司长远目标的各项投资。

想在长期目标和短期目标之间达到平衡，关键在于别把这视为非黑即白的选择题，而是要看成同一个光谱上的两端，可以在上面自由调整；有些时候比较偏向短期目标，有些时候则是比较偏向长期目标。最重要的是，你必须考虑整个光谱的总体情形才能真正达到平衡，不能只强调现在，完全忽视对未来的投资——这两项活动都是必要的。

此外，“平衡”的概念也应该应用在个人层面上。就个人而言，除了要兼顾长期和短期的目

标，同时还要想想如何在工作和个人生活之间达到平衡。如果整天只专注于工作，没有时间定期好好充个电，作为领导者的效率也会下降。

完成以下的练习，看看你现在的生活是否达到良好平衡，以及你是不是一位有抱负的价值观导向的领导者。不论你是公司的首席执行官还是新入职的基层员工，每周都同样只有 168 个小时。首先，找出过去一周在这 6 大领域分别耗费的时间：

职业	________小时	________%
家庭	________小时	________%
心灵/反思	________小时	________%
健康/睡眠	________小时	________%
消遣/娱乐/阅读	________小时	________%
社会责任/带来改变	________小时	________%
总计	168 小时	100%

如果你现在过的确实是一个平衡的生活，你的时间和精力就会合理地分散在各个项目之中。当然，如果你正在旅行，情况会有所不同，但在连续记录两三周之后，应该就能看出一般的正常状况。

等到这张表显示出真实状态后，你就可以开始准备填写以下第二个表了：

领域	我的目标	我的实际状况
职业	______小时	______小时
家庭	______小时	______小时
心灵/反思	______小时	______小时
健康/睡眠	______小时	______小时
消遣/娱乐/阅读	______小时	______小时
社会责任/带来改变	______小时	______小时
总计	168 小时	168 小时

每周追踪状态，看看你实际花费的时间和你的目标及优先顺序是否有差距。排出优先顺序和计划，想想要如何才能达到你所希望拥有的每周

良好平衡。你必须得先像这样准确地掌握自己的时间，然后才能真正作出必要的改变，以达到理想的平衡。这也是个很好的练习，每周不断向平衡的生活迈进，就能提升你生活以及领导的品质。

原则3　满怀自信

真正有自信的人会知道自己不可能样样精通。你可以为自己的成就感到自豪，但同样也应该要能够实际地面对自己的缺点。你要能坦然面对过去的失败，不觉得灰心丧气或失去安全感。你一定要能定期地自我反思并采取行动来弥补弱点，这样才能真正培养出自信。

想要描述自信为何，最好的方式可能是从反面着手，讲讲究竟什么不是真正的自信：

◎装腔作势和虚张声势，都是佯装出的自信。如果有个人吹嘘自己的成就，或是拒绝承认自己的错误，几乎就代表着他们并没有任何自信。

◎如果有人总是强调自己的弱点、拒绝承认自己的长处，他们也同样没有自信。

真正拥有自信的人的特点是：

◎容易与人合作。

真正自信的人能够欣赏成员为团体带来的效益，并且能够主动寻求他们的意见。这种态度的优点在于可以鼓励拥有重要信息的人与大家分享。

◎欢迎任何人挑战既有事实。

如果你有自信，就会请所有人表达意见、提出疑虑。你不会觉得有人提出问题是件麻烦事，反而会请大家公开提出意见，好作出决定。你不会认为提问是在挑战你的权威。

◎能够坦然面对自己的优缺点。

具有自信的话，你就能真正敞开心胸，知道自己的长处和短处。你也能够欣然接受这件事，因而能够诚实、公开地告诉大家你是什么样的人。

◎愿意站出来发挥出重要性。

如果你有自信，那么当公司的决定不明智时，你就会挺身而出。有时候这需要勇气，因为你可能会直接和顶头上司唱反调，但真正有自信的人，就能展现不顾一切的勇气，指出正确的方向。

上面的最后一点特别重要。受雇于公司，就应该在公司需要你擅长的领域中表现杰出。如果某项提案在公司管理高层得到广泛支持，但你觉得该项提案并不明智，最初的反应可能是噤声不语、默默接受、少惹麻烦。但如果你真正具有自信，你就会提出自己的疑虑。或许你可以说："我知道您是老板，最后的决策权在您，而且您见多识广，观点可能和我有所不同。然而根据我的个人经验，关于这件事我可能还是会建议采取某某做法，我会有这种结论的理由如下……"

当你真正有自信时，就会相信自己能为公司带来价值，而且你的意见也有一定分量。如此一来，你对未来也就更有信心，因而开启一个良性的循环。随着这个循环，你的能力及竞争力会不断增强，尽管在未来的职业生涯中你还是必然会面对挫折和困境，但你已经能更好地面对和克服了。

关键思维

真正的自信是一种内在的特质，可以确立你的领导地位并赋予你的团队力量。真正的自信绝对不只是源于工作上的熟练或技能高超，而是源于你看清真正的自己，并且全盘接受。有了真正的自信之后，你就能做到真正的自我肯定，认识自己的长处和弱点。如果你有真正的自信，就能不断改进自我，在已经出人头地的领域百尺杆头更进一步，同时发展那些有待加强的领域。

——哈瑞·克雷默

要培养发言的勇气，首先必须掌握自我反思和平衡的原则，这两者之间会有相辅相成的作

用。通过自我反思，你可以自问，为什么对于这项建议我有如此强烈的感觉？我是想争个对错，还是觉得这么做才是正确的？等到自己能够放下自我之后，就可以采用“平衡”的技巧（也就是用全面的观点来看情势）向前迈进。关于某项议题，要和团队中的同事甚至其他团队或部门的领导者讨论，征询他们的意见。很可能在这个过程中你会找到先前未曾想过的观点，甚至可能正是你老板的观点。等到过程结束后，你就能重新思考你的建议如何了。

当你有了真正的自信，就会接受这个事实：你可能永远无法完成自己所有的目标。但你能感觉到，这就是一场不断开发出更多潜能的旅程，永远都有更多知识要学、更多经历要体验。随着真正自信的建立，你就能更轻松地找出你能脱颖而出的方面，也知道自己有哪些方面有所不足。许多人往往想要立刻投入更多时间在不擅长或是能力不足的领域上，反而让天分较高的领域未能充分开发。其实，成功的重点不应该放在你的弱项上。毕竟，你之所以能有今天的地位，正是因为你发挥了自己的长处、在你擅长的领域取得了成绩。因此聪明的做法是加强这些领域的发展，让工作技能更为娴熟，表现更出色。

——哈瑞·克雷默

原则4　谦逊处世

在职业生涯不断发展时，谦逊能让你继续脚踏实地。事实上，做到真正的谦逊并非难事，唯一要点就是永远别忘了你是谁、别人曾经如何帮助你发展事业，而你又来自哪里。谦逊可以让人看到你是什么样的人，而你为人越谦逊，未来你的领导成绩也就会越亮眼。

如果你已经在大公司里升到高级主管的位置，很容易会觉得自己广受欢迎。只要工作做得好，就会有许多人来吹捧你："恭喜！新产品真是太棒了。""你作决定真是比任何人都高明。""很高兴能和一个会把一切搞定的人合作。"但不

要得意忘形，也别太把这些赞美当真。你会发现到了最后，真正的谦逊会比自吹自擂更能展现领导风范。别人称赞你的成就时，如果你保持谦虚、平易近人，你的态度就会激励你的团队更加努力。狂妄自大总会令人不悦，谦逊则令人觉得亲切。

虽然如此，也并不是说每次有人称赞你的时候，你都得说“哪里哪里，没有的事”。一直这么做，过一段时间你就会变得令人厌烦，还会引人怀疑，觉得这只是一种策略，想让他们更加赞美你。同样，你也不该说：“是啊，你说得一点也没错。我太棒了，想想都觉得不可思议。我连上次犯错是什么时候都想不起来了。”这种态度可能又太偏向另一方，也不会有多大助益。

关键思维

要记得，真正的谦逊不是要试着看起来像个好人。那样做不是真正的谦逊。真正的谦逊是要提醒我们每个人都可以带来更多价值，没有人一定在他人之上。

真正的谦逊能让生活的每一个层面都得到提升。

这四项关于价值观导向领导的原则，无论在职业生涯初期或以后都同样重要。你坚持这些原则之后，无论其他人是否需要向你报告，你都能发挥你的影响力，带领着他们前进。接着，随着职业生涯的发展，你的领导技能也会日益精进，于是一切越来越驾轻就熟。到那个时候，员工之所以听从你的指示将不是因为你是老板，而是因为你知道如何影响和激励他们。遵循这些原则，就像是指出一条明路，能让你的领导技巧达到最佳的水准。

——哈瑞·克雷默

想要维持谦逊，可行的大致策略如下：

◎得到称赞时，要多提及身边团队成员的贡献，而且让他们也一同得到赞誉，强调自己虽然看起来是团队的领导，但主要还是得力于他们的付出。这种做法不只使自己更谦逊，也会鼓励自己身边有潜力的人，让他们更为努力。同时，这也表明你的团队中有一群经验丰富、能力优秀的成员，因此日后你可以投入到更大、更好的项目之中。

◎永远不要忘本：换句话说，不要变成那些似乎人人都会谈到却没有真正认识的人。你要一直维持不变的本性，与旧友相聚的时候，好好相处，享受彼此的陪伴。与自己刚工作时认识的人保持友谊，再带着这份情谊继续向前。虽然你可能已经成就非凡，但他们会让你记得要脚踏实地。虽然你可能从未走出自己的办公室，但只要你和那些真正实际执行工作的人有所往来，就能够了解更多信息，更准确地掌握客户的动向。

◎提醒自己，工作是工作，你是你：你这个人不完全是由你的工作职称来定义。就算你不论何种原因而失去工作，你还是原来的你。提醒自己这项事实有助于在员工称赞你的所作所为时

（可能是希望你帮他们升职）不会得意忘形。永远别忘了，不论这个位子坐的是谁，他们都会同样逢迎奉承，所以不要被赞美冲昏了头。

◎回忆一下你早期的雄心壮志：看看你在现在的位子上是不是已经有更多影响力而能够完成某些改变。刚踏入职场的时候，你可能常常会碰到棘手的问题，需要经常和同事讨论。现在你已经有更高的能力可以处理掉这些问题并作出改变。在这个嘈杂冲突的现实世界中，这么做可以让你继续脚踏实地地做事。

◎肯定每个人的价值：提醒自己，不论自己名片上的头衔有多高，其实和公司的所有员工还是平等的。将你的心力放在让他人觉得受到赏识上，就不会有时间让自己为某些人的甜言蜜语所惑。

关键思维

要找到自己，最好的方式就是先在服务他人

的过程中抛下自己。你希望世界有何改变，就要从自己做起，由你来改变。

——甘地

要想成为价值观导向的领导，不是很容易的事。你会遇到各种干扰和压力，就算原本立意良善，也可能会走偏方向。一旦发生这种情况，就要马上回到四大原则，暂停一下、进行反思。这四大原则就像是灯塔一样，能够指引你继续朝正确的方向前进。

我现在已经能够了解，我们所有人——从实习生到新的首席执行官，都可以表现出领导能力。每个人思考和行动的方式都会直接或间接地影响公司的文化，不论是对待客户、与同事互动、向上司报告、与供应商往来等等，都会反映出我们的价值观。如果我们对这些价值观一无所知，这些互动也就不会有效。

——哈瑞·克雷默

二　学习建立价值观导向的公司

在价值观导向的公司里，大家都齐心协力要达成更高的目标。价值观会营造出公司文化，并为其中各种互动定下基调。一家价值观导向的公司会有以下六大基础要素：

要打造一个价值观导向的公司，你必须学习如何有系统地应用之前所提的四大原则。但具体来说，如果希望持续维持良好成效，还有相关的六大要素。这六大要素分别是：

要素 1　以价值观来领导

有时候，旁人会以为你的价值观只是在企业

网站上列着好看，或是挂在餐厅墙上作为励志短语。如果你想打造一个价值观导向的公司，这些价值观就必须是你的信念、你的生活方式，每周7天、每天24小时，不能中断。如果没有价值观，公司就会缺乏凝聚力。

要成为价值观导向的领导者，你必须言行一致，进行自我反思，表现出自信，同时还要保持谦逊。如果你行事正确，你会发现：

◎经常与你打交道的人都会从你的日常行事当中看出你的信念，知道你真正的想法是什么。

◎你身边的人也会用这些价值观来决定如何行事、如何作决定，好和你配合。这时，所有人组成一个团队，而不是各行其是。

◎客户会不断回来找你，原因就在于他们喜欢你的产品，你的产品能够为他们提供绝佳的体验和服务。

作为一位价值观导向的领导者，重点不在于你怎么说，而在于你怎么做。身为一位有抱负或是已经成就非凡的价值观导向领导者，你必须不断问自己问题："我现在应该表现出什么样的态度?"或"我的行为是否和公司的信念及价值观一致?"价值观导向的领导者，无论是和团队成员或是他人互动，都能定下一个基调。

成为价值观导向的领导者真正的好处在于决策会变得非常简单。你只要做符合自己价值观的事即可，至于那些违背你的价值观的事，则大可避免。这套价值观就像是你的道德指南针，为未来一生的工作指引方向。只要坚持自己的价值观，就能让你不致偏离正轨。

要素 2　培养人才

要打造一家价值观导向的公司，必须掌握好员工问题，也就是要吸引合适的人才、投入优秀的人力，并提供发展机会让中层干部有机会提升，这是公司成长扩张所不可或缺的核心要素。

请注意，这并不代表你要掌控每位员工的职业生涯发展，而是要着重提升员工的能力，让他们注意到自己未来的发展道路。人才发展比其他任何事情更像是一种合作伙伴关系，你必须打开大门，然后让这些人自己作出决定，走上你为他们准备的路。如果是有理想、有抱负的员工，就会好好地利用他们所得到的这些机会。

人才发展同时也需要深度和广度。所谓深度，是要取得在某个专业领域的能力，例如销售、财务或产品开发。至于广度，则是要有全球视角，能够欣赏在不同市场中以不同方式销售产品的方法。要真正培养人才，就必须为手下员工提供机会，让他们得到深度的专业知识和广泛的观点。

要素 3　设定明确的方向

对于价值观导向的公司来说，想要逐步实现目标，就必须要传达出明确的方向。不论公司哪个岗位，“清晰明白”都很重要，否则公司的目标和员工实际的行动之间就可能出现偏差。要设定明确的方向，就要掌握清晰和简洁这两大要素。

具有生产力的公司一定都尽量维持做事情的明确性。由领导者设定一个明确的方向，员工就能够了解和体会其中的意义。设定出明确的方向之后：

◎能够提高让所有人齐心协力迈向预定目标的可能性。

◎员工知道自己所做的事十分重要，因此会更有动力。

◎每位员工都明白自己的角色，也知道自己在整体中所发挥的作用。

◎员工知道自己该走的方向之后就可以授权他们自由行动，让他们自行其是，而不用一直监督或要求他们。

价值观导向的领导者设定方向的时候，也应注意要不断给予他人反馈。倾听他人的发言，除了能从对话中学到很多东西，还能营造适当的环境，鼓励员工提出好的想法并加以实行。

要真正成为有效率的价值观导向的领导者，你必须能在两种角色间切换。一半的时间花在自己专业的领域，例如身为财务总监，就要分析财务问题。而另一半的时间，则要用来看看各种可能影响整个公司的问题。换句话说，也就是要综观全局。如果领导者懂得结合自己的专业知识，并运用不同的视角来看问题，公司便能获益良多。而这一切的前提，就是要有明确的方向，众人齐心协力、共同奋进。

要素4　沟通良好

有效的沟通绝不会自然而然产生。有效沟通的目的就是要以开放的方式来传达思想和信息，避免误解。而在匆忙急迫或是压力重重的情况下，绝对无法有效沟通。

以下提供一些建议，可以让你成为能更有效沟通的价值观导向的领导者：

◎千万不要假设对方对某个问题的背景和你同样了解。提供所有员工可能需要知道的信息，好让他们明白事情的原委。

◎沟通完后，请对方解释一下他在这段沟通中听到了什么，又将依此做些什么。

◎不论公司的形势是好是坏，都要培养时常沟通的习惯。如果某些事你还无法确知，起码要让员工知道，你有最新消息就会告知他们。

◎沟通时要从接收者的观点出发，为他们解释其中的重点。

◎以公开、坦诚和真实的态度解释你正在以哪些行动来落实你的价值观。

◎永远不要忘记，想要有效沟通，90％的重点在于倾听，应建立起良好的回馈循环。

◎不断设法与你的团队成员建立关系，而且需要真正的沟通交流。

◎故事能够感动人心。找到合适的故事，用故事来说明你想教给员工的原则。如果想让员工了解相关的话题，讲故事会是个绝佳方式。

要素 5　使员工投入

团队不会自然地凝聚在一起，需要你苦心经营。你要学习如何建立团队、使团队投入并得到激励，再赋予团队权力，让这群人都像你自己一样渴望达成某项目标。这是伟大的领导才能。

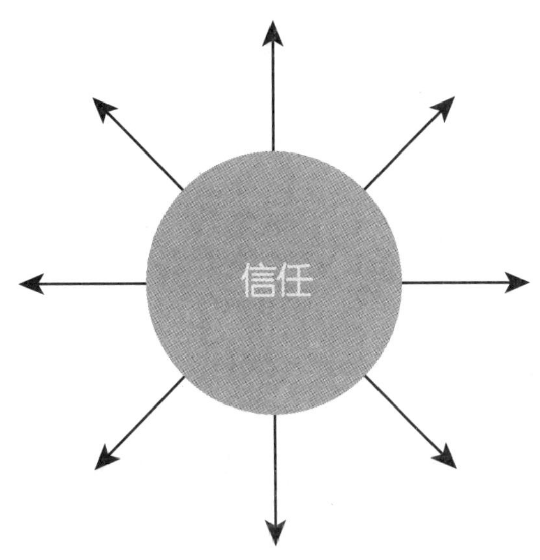

想让一群人形成有凝聚力的团队，共同朝向特定目标迈进，真正的关键点就在于“信任”。员工如果知道你信守承诺，并会以公平、尊重的方式对待他们，他们就可能更信任你，知道他们在项目成功时能够得到应有的赞扬。他们也希望能得到保证，就算项目失败，你也不会把错全怪到他们头上。除非员工信任你，否则他们就不会积极地想成为你团队中的一员。

想激励人心，最佳的方法就是具备和他人建立关系的能力。说得直接一些，如果你了解团队成员，就会知道怎么做才能激励他们、让他们投入。此外，如果别人知道你心胸开阔，能听进去他们的意见和建议，也会更愿意成为你团队的一员。如果你一味坚持自己的意见最重要，就无法让员工与你一条心。

鼓舞人心的目标往往能产生类似催化剂的效果，集结起一支高效率、成功的团队。目标越远大，就越能吸引到主动性高、愿意投入的人才。如果你能明确指出目标，营造充满信任的环境，鼓励员工敞开心胸彼此坦诚相对，就可以建立起一支业绩非凡的团队。

要素6　执行有效

所谓“执行”，是你身为领导者一切努力终于实现的一刻。执行一定要抓住重点，否则其他

的事情做再多也没有用。如果用美式足球来打比方，价值观导向的领导者就像场边的教练：一方面和所有活动十分接近，另一方面也离得够远以便综观全局。所谓有效的领导，就是要在“授权”和“激励”之间取得平衡。

讲到“执行”，有4个管理步骤缺一不可：

◎策略这个步骤是要判断你今天的地位如何、想达到的地位如何，以及想成为什么样的角色。这个步骤并非一成不变，而是不断在更新、持续下去。

◎员工这个步骤指的是要找到合适的员工，他们的价值观要与公司的价值观一致。而你作为领导者的目标，则是要建立起一支高绩效的团队，另外还要培养未来的领导者。

◎运作的步骤指的是要列出各种逐步操作的过程，好抓住公司碰到的机会，并且立即就投入实施。换句话说，也就是你今天究竟做了些什么，好达到你的短期目标和长期目标。

◎检验步骤常常会被忽视，但到头来，还是要有能够测量检验的标准，做事才会有成效。在这个步骤中，要指出结果的判断标准及方式为何、结果将如何量化，以及最后会如何分配奖励。

要做一位价值观导向的领导者，就要让这 4 个系统同步运作。由于这 4 项缺一不可，因此你必须有平衡而全面的观点。此外，也要判断什么时候应该坚持到底、专注于将执行做得更好，什么时候又该放慢脚步、中途修正。要作出各种判断，你就必须一方面和业务站得够近，掌握与客户往来的实际情形；另一方面又站得够远，从类似俯瞰的角度掌握全局。要在这之间达到平衡——虽然这项任务艰难，但绝对必须达成。

三　带领公司从成功走向卓越

等你将价值观导向领导的四大原则与六大实践结合起来之后就已经万事俱备，可以准备领导一家价值观导向的公司了，并且能够无畏于外界的各种变化、争议和危机。优秀的领导者此时会开始转移重心，思考如何让公司不只成功，还要达到卓越。价值观导向的领导者，想的不只是提升获利，更要对世界作出积极的贡献。为了达成这项目标，有两大要点：

1 具备勇气和胆量，能在实际生活中落实价值观

从成功走向卓越

体会到自己负有改变世界的责任 2

要点1 具备勇气和胆量，能在实际生活中落实价值观

等你完成各项建立价值观导向公司的努力之后，很自然会想先喘口气，休息一下等着享受成果。然而，如果你能够真正做到自我反思，就会开始把视野放得更宽广，发现其实事情还没完。虽然你已经成功，但还要做得更好。

这点听起来很容易，但在现实世界中，随时都会有各种改变、争端和危机出现。这是正常的现象，但重要的是，这正是展现你的价值观的大好机会：

◎市场出现变化的时候，你必须积极主动出击，利用这些变化来使公司得到利益。许多价值观导向的领导者都能够在被市场逼得不得不改变之前就先作出改变。他们精准计算风险、迎向挑战，也就能因此成为市场的领导者，并且站稳脚跟。

◎争端发生时，价值观导向的领导者会采取

迅速而坚定的回应行动。他们会和所有人进行清楚且频繁的沟通，告知人们现在的情形，因此不会有无谓的猜测和疑惑产生。

◎不论时间早晚，每家公司迟早都会面临一两个重大危机。价值观导向的领导者会在危机发生时领导众人去做正确的事。

想要克服对于改变、争端和危机的恐惧，最好的解药就是知识。有了知识，无论面对怎样的外部或内部压力，你都能有勇气以最佳的可行方式做正确的事。勇气不一定就是正确答案，但确实代表着即使风险很高，你还是能切实将价值观付诸实际行动。要做正确的事并不容易，但如果你想从成功走向卓越，这是唯一的选择。

要点 2　体会到自己负有改变世界的责任

这个世界有各种各样的问题：贫困问题、环境问题、流行病问题、较高的婴儿死亡率、高文盲率、信息闭塞等等。如果你是真正的价值观导向领导者，就会认为这些问题不能自行消失，而需要你的投入，由你来积极参与、解决问题。

价值观导向的领导者能够理解并接受自己更高的使命，要求自己作出改变，投入对全球来说重要的议题。

这些问题绝不仅是单纯砸钱就能改善。要想真正解决问题，必须做到以下几点：

1. 花点时间来获得全面的认识：了解问题背后所有的潜藏因素，并搜集到目前为止已经做过的相关努力的细节。换句话说，在真正动手处理问题之前，要尽可能取得所有的信息，好达到自我反思和平衡。

2. 要接受自己时间、能力有限的现实，有所取舍：选择一两个你最感兴趣或是特别喜爱的议题。

3. 引发他人对该问题的注意：向别人表达你对于这项问题的看法，好吸引他人协助，让你事半功倍。

4. 看看有什么当下可作的改变：例如有一

家慈善机构就曾买下几部卡车，帮助某个地区的农民将作物运至市场，帮他们节省了高昂的运费。这样以实际行动帮助了农民，让农民的生活不断得到改善。赞助的时候，可以找一些能提供持续、实在效益的计划。

要迈向卓越，其实就是将你的关怀延伸到公司之外。价值观导向的领导者，会希望通过一个又一个计划，为世界带来长久而有意义的贡献。

关键思维

你已经和你的团队克服挑战，走出一条稳定的登山道路。在胜利的时刻，你终于抵达山顶，插下旗帜，大功告成。但当你坐在山顶饱览美景，却发现尚待征服的山峰还有无数。

等你扩大了你的视野，追求价值观导向的领导也就成了终身的旅程。你会知道，自己所知越多，就会看到越多还需要知道的。你也会看到，价值观导向领导的四大原则——自我反思、保持平衡、满怀自信、谦逊处世，会如何对你个人、公司和社会带来改变。

——哈瑞·克雷默

谦卑野心家

Practically Radical

Not – So – Crazy Ways to Transform Your Company, Shake Up Your Industry, and Challenge Yourself

原著作者简介

威廉·泰勒（William C. Taylor），作家、演说家、企业家。他是《快速企业》杂志的共同创办人和创办编辑，这份杂志推出6年后以3.4亿美元售出。泰勒曾为《纽约时报》和《卫报》定期撰写商业专栏，目前替《哈佛商业评论》撰写有关管理的博客。泰勒是巴布森学院的兼职教授，著有《发明未来的企业》一书，并与他人共同撰写3本经营策略的书籍。泰勒毕业于普林斯顿大学和麻省理工学院的史隆管理学院。

本文编译：乐为良

主要内容

知不足而后成

担任领导人要担负的最重要责任，就是带领着组织不断变革，站在趋势的浪潮上养成竞争力并取得制高点。但是，我们发现成功企业的领导人往往不是天生英明，而是有着谦卑的态度并且善于倾听。

成功企业通常都会有很多传统与成功经验，领导者往往依循而行，因为如此工作最省力气也最安全。但是，要实现担任领导人的野心，就不可能因循苟且，必须要能够去芜存菁，同时建立新的典范，带领企业一路前进。

当领导人带领企业面对外界接踵而至的挑战时，最重要的是能够在行业中取得重要的地位。当然，这个时候领导人对于团队的要求就不能是“还不错”，工作团队必须在能够取得竞争优势的关键点上取得绝对的领先，做得超级出色，让整个产业都受到撼动。

但是，高标准的要求与目标并不代表着专断独行，反而要求领导人必须如同海纳百川一般，大量汲取来自于客户、员工甚至竞争者给予的建议。在广阅各种可能性之后，才会有较大的机会找到翻转局面、大幅领先的关键支点。

企业领导人必须要有足够的野心，才能燃烧热情带动团队，挑战超高的标准。同时，领导人必须要知其所不足，察纳雅言，鼓励团队、消费者提出意见，洞察市场，作出正确的决策。企业领导人要以“谦卑野心家”的姿态，带领组织创造出更上一层楼的伟大成就。

征服变动的挑战

今日，领导人面临的挑战是走出去与客户建立更紧密的关系，让员工最大程度发挥特长并与对手拉开更大距离。

当前市场的特色就是崩裂瓦解、过度竞争和变动不休。因此，试着比竞争对手好一点点没有任何意义，在逐渐萎缩的市场中，他可能和你一样深陷同样的困境。今天想要出人头地，你必须有令人刮目的特别之处——有点激进但又务实。只要你能在今日人云亦云的世界拥有独一无二的思维，就可以财源广进。

虽然听起来有违常理，但今日造成市场重挫的经济衰退正是改造公司、撼动产业、自我挑战而借以提升绩效的大好机会。你不必缩小你的梦想，只要改变游戏规则，并采用独一无二的点子让别人注意到你。不要只想赢得你碰上的比赛，而要以不一样的思维成为改变游戏规则的人。做到这一点，你不仅能超越同业，还能为未来几年建立可持续的竞争优势。

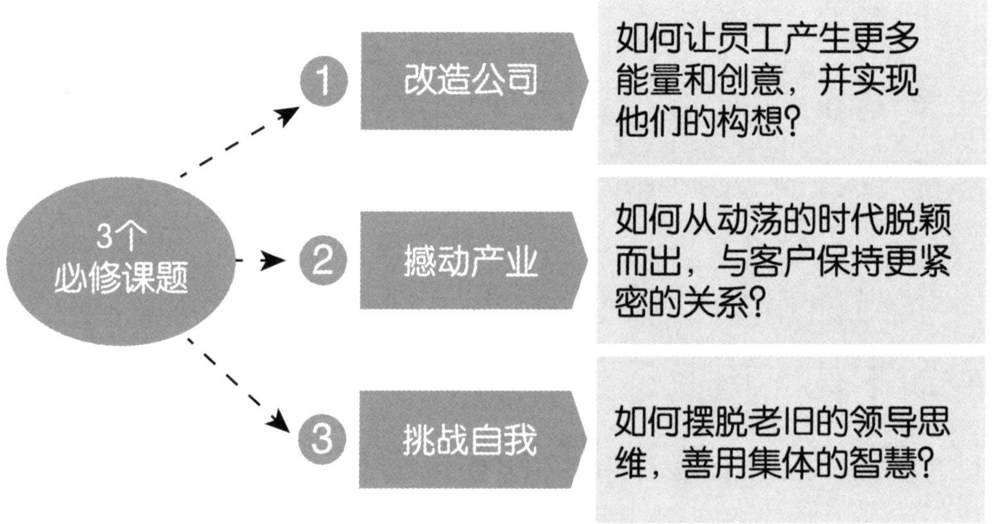

关键思维

用制造问题的脑筋去解决问题是行不通的。

——爱因斯坦

不敢尝试不同，成就别无可期。

——不知名的天才

一　改造公司

毫无疑问，我们生活在一个飞速发展的时代。世界变化太快，如果你今天的做法和过去只有些许不同，那就行不通了。想在任何行业赚到钱，你都得准备好作出重大改变，并重新界定竞争的定义。

要加入今日一流领导人的行列，就要展现“仿如初见”的能力。什么是仿如初见？

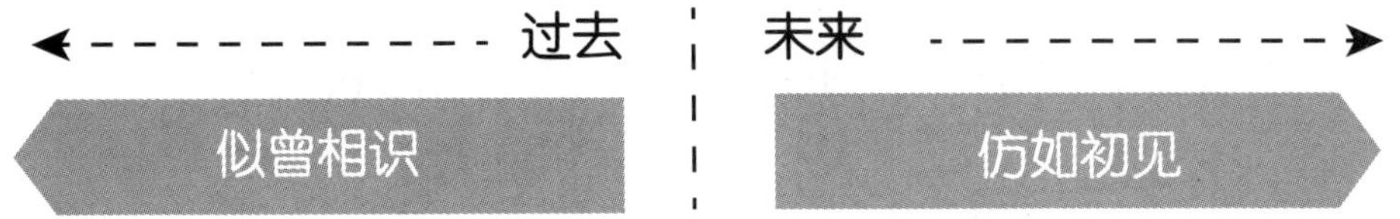

似曾相识的经验是当你面对一个陌生的情况时，却感觉曾经经历过；仿如初见则刚好相反，即当你面对一个熟悉的情况，比如生产了很多年的产品时却能以全新的眼光找到新的突破口。想改造公司，你必须仿如初见一般去看自己的组织和产品线，然后打造未来。

要说明其中的道理，不妨参考作风坦率的瑞士亿万富翁尼古拉斯·海耶克的例子，他在瑞士钟表业叱咤风云超过 25 年。第二次世界大战后几年，瑞士生产全球 80％的手表。而到了 1970 年，外国竞争对手以石英技术大举入侵钟表业，而该技术最早的先驱者瑞士却因这项技术不够好而不予采用。1970 年时瑞士钟表制造商的市场占有率已经下降到 42％；海耶克在这时出现，时值瑞士银行合并了两家资不抵债的钟表大厂，置于瑞士微电子与钟表工业集团的旗下。

海耶克在 1983 年接手时，瑞士微电子与钟表工业集团销售额为 10 亿美元，但亏损额为

1.24 亿美元，还有 1.5 万名提心吊胆的员工。而 10 年后，公司销售额增加了 1 倍达 20 亿美元，并有 2.86 亿美元的年度经营获利；2008 年，公司更名为现在的斯沃琪集团，成为全球首屈一指的钟表制造商，旗下有 19 个品牌，营收超过 50 亿美元，获利逾 7.2 亿美元，并有 2.6 万名干劲十足的员工。

没错，海耶克当然是产品创新高手，在营销上观察敏锐，但他把战略核心放在瑞士 450 年的制表传统上，视它为力量的源泉而非包袱。海耶克得出的基本结论是：瑞士钟表业没有任何缺点是不能靠其优点来解决的。

欧米茄是很好的佐证。海耶克接手时，欧米茄品牌濒临停产。之前的几位领导人的策略是生产高、中、低价位的欧米茄手表。海耶克终止所有的授权合约，把款式减少到 130 种，并竭尽所能让欧米茄回到最初起家的高档品牌。结果如何呢？在 2008 年，光是欧米茄这个品牌便带来超过 10 亿美元的销售额和数亿美元的获利。凭借过去最突出的特点，欧米茄重建了它在世界上最尊贵的品牌地位。

关键思维

欧米茄是给精英佩戴的手表，他们成就非凡——在体育、艺术、商业和各种专业领域——并且带动世界改变。登陆月球的航天员卓然有成，他们佩戴的是欧米茄，前苏联航天员也是。欧米茄就该如此，这也是欧米茄的象征。我们只是还原欧米茄的本色。

——尼古拉斯·海耶克

海耶克不仅重振欧米茄品牌，并以同样的方法用全新的眼光观察公司本身的状况。他的斯沃琪转型策略几乎违反企管顾问提出的所有经营建议，如海耶克没有找低成本的制造厂外包，反而保留了公司传统的瑞士工厂。

斯沃琪进行垂直整合，几乎所有的手表零件都自行制造。斯沃琪还大量采取利基营销——找出最有利可图的客户群并拱手让出其他客户。

关键思维

首席执行官必须告诉他们的员工：“我们要在国内以较低的成本制造这个产品，但品质领先全球。”然后让他们想出应对对策。原斯沃琪的团队提出了一个疯狂的问题：“为什么我们不能设计一款成本低、品质好，让人惊艳的手表，而且是在瑞士制造呢?”银行家态度迟疑，一些供应商也拒绝卖零件给我们。他们认为这个疯狂的产品会摧毁整个产业。但这个团队克服了阻力并完成了任务。

——尼古拉斯·海耶克

结果斯沃琪表风行全世界——成为钟表产业史上最畅销的产品，累计制造销售超过 3.5 亿只。斯沃琪的成功故事说明，如果公司以崭新的眼光去看他们的商业模式，往往会有意想不到的结果。

每个组织都要自行设法汲取过去的经验，然后打破常规，作出创造性的改变。当你努力这么做时，要记牢5个真相：

改造公司的5个真相

1. 多数组织都犯了“以管窥天”的毛病——这样很难让每个人预见更积极的未来。
2. 领导人的看法通常与其他人没两样，因为他们也和别人一样在同一个地方找点子。
3. 成功的团队对过去成功经验的态度是既要突破它，又不能否定它。
4. 改革者的任务不只是引进新的想法，而且要制造急迫感，并把急迫感转化为行动。
5. 商场不会停止变化，改革者永远不能停止学习。

真相1　多数组织都犯了“以管窥天”的毛病——这样很难让每个人预见更积极的未来。

变革的第一个挑战是要有独创性，长期累积的专业知识往往是突破性创新的阻力。不要复制竞争对手的运作方式，你必须做的是重新思考和改造整个产业的运作方式。

做点梦或最好多做点梦。做一个“无拘无束的思考者”——从零开始想象更好的方式来服务客户。不要把所有力气放在如何打赢进行中的游戏，而应看见一个全然不同的游戏，能带给客户更好的结果，并让它实现。

真相2　领导人的看法通常与其他人没两样，因为他们也和别人一样在同一个地方找点子。

这就是为什么高明的领导人不想替竞争设定标杆的原因。如果情况不佳，向产业中的“佼佼者”学习有用吗？超越竞争对手的更好方法是向产业外的创新者求教。学习他们的优点，然后重新思考你从事的产业有什么突破口。从其他产业中找经验，让自己的企业成长。

真相3　成功的团队对过去成功经验的态度是既要突破它，又不能否定它。

创意十足的领导人不会否定过去。他们会重新诠释过去发生的事，以便以鲜活的方式塑造未来。这是一种在创造未来的同时向过去学习的方式。要从历史中挖掘出核心的真理、价值和信仰，然后把这些元素融入你将来要做的事。

真相4　改革者的任务不只是引进新的想法，而且要制造急迫感，并把急迫感转化为行动。

领导人能以全新眼光为未来想出新点子是一回事，而有能力让员工把点子转化为成果又是另一回事。卓越的创造型领导人就能做到这点，并且通常让自己成为说故事高手。改革者常常会以虚构的角色编造动人的故事，然后动员整个公司解决那些顾虑。

真相 5 商场不会停止变化，改革者永远不能停止学习。

卓越的领导人本身就是好学不倦的人。你不能作一次改变就以为大势已定，高枕无忧了。你要不断学习、实验和尝试新的想法，并持续作出新调整，因为整体商业环境也是瞬息万变的。

关键思维

美国没有任何缺点是不能靠美国的优点解决的。

——比尔·克林顿

发生严重经济衰退时可以说是成立创新型公司的大好时机，因为衰退过后新创公司可以凭借经济复苏运作起来。弗德里克·史密斯在 1973 年成立联邦快递时，正值飞机油价飙升之际。Re/Max 现在是房地产经纪公司的龙头，1973 年开始营业时，也是房地产市场进入严重衰退之时。比尔·盖茨和保罗·艾伦创设微软公司也是在 1975 年经济衰退时期。

——布莱德·强森

我们的想象力被自己的所知限制了。解决方法是大量引进没有预设立场的人进入公司，他们才不会被团队里的专家、公司的政治或行事惯例压垮。

——辛希亚·巴顿·拉贝

想要看待问题像是第一次看到一样，有一个方法是从各种领域去寻找行之有效的点子。这就是“仿如初见”的真谛。在不熟悉的领域寻找点子，并不只是把一个产业可行的办法搬到另一个产业，而是重新想象一个产业有何可能性。

——威廉·泰勒

你可以在瑞士或美国等国家生产产品，唯一的条件是你还保有年少儿时的梦幻和想象力。为什么有些事就该那样做才对？为什么我们总是采取特定的作为？我们每天问自己这些问题。因为我们扼杀了太多好点子，想都不想就拒绝它们，

还嘲笑它们。

——尼古拉斯·海耶克

创造的本质是厘清如何使用你已经知道的，超越你已经想到的。

——杰罗姆·布鲁纳

二　撼动产业

要撼动你的产业，就别在一堆事上做得“还不错”，你需要专注在你可以做得“超级出色”的项目上。别再以管窥天，和其他公司追逐一样的机会，去想象一个可以让你大获全胜的不同比赛。

必修课题2 → 撼动产业 → 如何从动荡的时代脱颖而出，与客户保持更紧密的关系？

顾客希望你对他们关心的事有强烈的主张，并以行动支持这些主张。如果你的做法与其他人一样，你怎么能奢望领先群伦呢？想要撼动你的产业，你要尝试一些新鲜点子，采取不同的做法，而且一定要让客户清楚地知道你的创意独特。

关键思维

在各行各业里，公司的发展一直被特定的竞争节奏所制约，没有与同业做明显的区分。结果，它们越是竞争，就越没有差异。在消费者的心中，它们是可以相互替代的。

——扬米·穆恩

爱尔兰瑞安航空公司和它作风鲜明的首席执行官麦克·奥利里为此原则的实践提供了很好的研究个案。1986 年，瑞安推出两条赔钱的路线，20 世纪 90 年代初期公司处境仍然低迷。直到奥利里在 1994 年 1 月出任首席执行官，瑞安的业务才真的腾飞了，且一直维持到 2009 年——瑞安航空飞行 850 条航线，载送近 6000 万人次旅客，创造了 40 亿美元的营收。瑞安的股价也在 1999 年到 2009 年间涨了 5 倍。

奥利里是怎么做到的呢？奥利里一直不断地公开宣称欧洲监管机构为“蠢蛋”，贬斥英国航空公司董事会是“凯子浑球”，还一度提议把所有旅行社“拖出去毙了”。配合这些评论造成的争议，奥利里让瑞安员工专注于它的商业模式——大幅度削减成本、降低票价，并向乘客收取机票以外的一切服务费用。结果是乘客比以往更常搭乘瑞安航空公司的飞机。

换句话说，撼动产业的最佳方式是对你的最佳顾客最在乎的议题有强烈的主张，知道哪些客户对你的成功最重要，然后调整未来要做的每一件事，迎合这些特定客户的需求。如果这表示你必须重新打造新的东西，就去做吧。不要抱怨要花多大力气，就是一门心思去实现它。

软件开发商 37signals 是实践此一原则的最佳案例代表。该公司的软件产品完全违反同业把东西越做越复杂的趋势，它开发的软件反而采用简单的模式，提供有限的功能，因此极易上手。公司拥有 300 多万名客户的这个事实，显示了这种做法确实投顾客所好。

当你和以多为赢的公司竞争时，唯一的取胜之道就是以少取胜。传统的看法认为要击败对手，你要比他们多一项。如果他们的产品有 4 个功能，你要有 5 个。事实上，正确的答案不是比其他公司多一项，而是少一项。我们只解决简单的问题，把麻烦、困难、难搞的问题留给其他人。

——杰森·弗瑞德　大卫·汉生

所以你要如何与客户建立更紧密、更有活力的关系，来撼动你的产业呢？实现这一目标有 5 个通则：

撼动产业的5通则

1. 别想把每件事都做得“还不错”——想想如何把某件事做到最好。
2. 把“某件事做到最好”不代表你必须只做一件事——你可以也应该做很多不同的事。
3. 长期成功要靠你比竞争对手更加关心你的客户，而不是比对手花更多力气去思考。
4. 要与顾客培养感情，而不只是合理地满足他们。别忘了客户如果没有你也活得下去，他们终究会离开。
5. 你不必是个毫无成见的企业家才能接受这种想法。

通则 1　别想把每件事都做得“还不错”——想想如何把某件事做到最好。

与其老是沉迷在你的经营策略和跟着对手亦步亦趋，不如在一个点上做到最好并努力经营。专心去做你手上的客户会喜欢的大胆之举。如果你够大胆，就不必做太多营销——客户会口耳相传。所以，在客户最看重的事上，你一定要做到最好。

关键思维

一成不变就是死路一条。

——王肯尼

通则2　把“某件事做到最好”不代表你必须只做一件事——你可以也应该做很多不同的事。

“捷步”是实践这个原则的卓越案例。这家公司推出的鞋子可能很叫好，但捷步最可贵之处不在卖好鞋，而在于提供一流的服务和超赞的客户体验。

关键思维

大家都知道我们在卖鞋，但我们自己却有非常不一样的看法。我们希望捷步这个品牌代表的是最好的客户服务和客户体验。我们的愿望是10年之后，人们甚至不知道我们是从网络卖鞋起家，他们只会想到我们就是最佳服务的化身。我们曾经收到过客户寄发的电子邮件："你们可否接管国税局或开家新的航空公司?"我们不会在今年或明年就这么做，但30年后呢?我不排除捷步航空公司的可能。

——谢家华

通则3　长期成功要靠你比竞争对手更加关心你的客户，而不是比对手花更多力气去思考。

健身业老将巴赫兰·亚卡迪决定自己开家健身房时，他找来几个朋友并问道："如果我们用对的方式来做，这个行业会是什么模样?如果由会员来设计，这个俱乐部会是什么模样?如果由顾客来草拟会员优惠，会有哪些内容?"

关键思维

这就是我们不采用签约制的原因，合约让人变得懒惰。我们每个月都得重新赢回每一位客户，这种做法迫使我们不断改进。如果我们的定位是一家健身俱乐部，机会就受到限制。如果我们的定位是一家提供健康生活方式的公司，机会就会多很多。我们不是在盖健身房，我们是在打造一个让运动变得有趣的场所。

——巴赫兰·亚卡迪

终身塑身的客户先一次性付一笔小额管理费，然后月付50～100美元，就可以全天使用俱乐部的游泳池、水疗中心、篮球场、瑜伽教室、攀岩墙、有氧器材等设备。截至2010年年中，选择终身塑身的有1.7万人次，分布在全美18个州经营的80多间壮观的健身会所中。公司拥有近100万的成人会员，年营收7.7亿美元，股票市值达15亿美元。

关键思维

我们原来的经营方式是尽可能签下最多的会员，并让他们签下长期合约，然后希望他们不会经常光临，因为如果他们真的都来了，根本没有足够的空间使用。而现在，我们的想法则完全相反。如果我们发现某位会员已经一两个月没来，我们不会暗自欣喜。他付了钱却不来使用设施，反而会让我们紧张，我们会联系这位会员并邀请他回来。我们希望设备有较高的使用率。我们必须争取老顾客回来，这代表我们希望他们坚持运动，而不是他们有没有来都一样。

——杰佛瑞·兹维菲

通则4　要与顾客培养感情，而不只是合理地满足他们。别忘了客户如果没有你也活得下去，他们终究会离开。

卓越的公司致力于获得客户生活和工作上无可取代的地位。他们如此努力，让客户无法想象失去他们的生活。要想在竞争激烈的市场中获得成功，你就要尽一切可能创造热情的客户，要让他们喜欢你替他们做的事。高度投入并且忠心耿耿的顾客对任何行业都是非常可贵的。

通则5　你不必是个毫无成见的企业家才能接受这种想法。

你认为彻底打造一家顾客会投入并热情拥戴的公司唯有从零开始才可行，这并不正确。即使是成立许久的大型公司，也可以“在其领域把某件事做到最好”——只要你能想出一套务实的方法，挑战许多公司既有的走一步算一步的标准思维模式。

做到这点的最好办法是反向思考，锁定几个问题去处理：

◎资产的最佳用途是什么？

◎相较于最佳预期，目前的成绩如何？

◎要如何到达最佳境界？

接着你开始利用现在已经拥有的资源，努力达到最佳境界。你从计划好的未来着手，开始采取务实的步骤，把你从现状带往光明美好的未来。

关键思维

没有热血就不可能创造辉煌。

——阿诺·格拉斯哥

如何控制未来？就靠你自己创造。也就是以少做多；以快速反应面对挫败和意外，而不是苦思如何避免；同时别忘了你的初衷——你想要在你的领域取得一定的成绩。

——威廉·泰勒

三　挑战自我

今日最精明和最有成效的领导人不是那种让人讨厌、吹毛求疵、无所不知的人，而是比谁都愿意与人合作，并能使组织的集体智慧发挥最大成效的人。

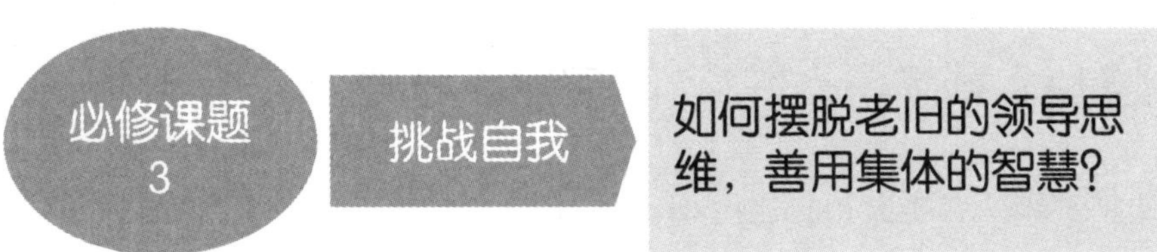

商业世界只追捧魅力挂帅的超级 CEO，并把他们做成《商业周刊》或《财富》杂志的封面人物。这一切都很好，也没什么问题，但现实却是只要 CEO 被高高捧着，他们就与市场实际发生的状况脱节。那就不太好了。

在今天想要成功，就要改变 CEO 的领导风格——不能再自以为无所不知，而应让好点子在公司任何角落都能被发现。简单来说，今日最好的领导风格是谦卑与野心并存。

关键思维

谦卑野心由谦卑和野心共同组成。我们发现大多数改变世界的杰出人物都是谦卑的人士。他们专注于工作而非自我。他们追求成功，满怀野心，但成功后却虚怀若谷。他们知道成功很多时候是靠运气、时机以及数以千计无法控制的因素。他们感到庆幸，而非认为自己无所不能。奇怪的是，那些错以为自己无所不能的人，往往未能发挥所有潜能。因此你要有野心、要成为领袖，在追求雄心壮志时就勿小看他人，而要重视他们。最伟大的领袖是能帮别人洗脚的人。

——珍妮·哈珀

要向优秀领导人看齐，你必须热爱你的工作，并能看清前行的方向。这需要经过一番淬炼，你必须愿意听取别人的意见，然后根据最佳的意见采取行动。

今天的公司采用许多有趣的方法来发展集体的智慧。军事软件开发商瑞特解决方案公司在其内部推出一个网络股市，让新鲜的创意可以获得起用。做法如下：

◎每位员工获得 1 万美元的“意见金”，但只能用于内部的点子股市交易。

◎公司里每位员工都可以提议公司去买一项技术、开发一项新技术、引入新的业务，或提高某种效率。

◎这些建议变成股票，并以每股 10 美元开始交易。它们各有自己的详细描述、代码、电子邮件讨论清单等。

◎员工以投资该股票或自告奋勇参与该项目的工作表达他们对某一个点子的喜好。

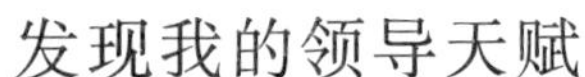

◎如果点子真的赚到钱，参与者可以分到钱。

◎列出一份“20强”名单，挑选出那些最被认同的点子。其股票也会被列为“优秀股”（对既有的经营项目而言风险性较低的提议）、“期货”（进入新领域的投资，高风险高回报）或“储蓄债券”（削减成本而不是增加收入的点子）。

关键思维

问题往往出在当经验变成创新的阻碍时。在一些以科技为主导的产业，或者在大多数的产业，你的地位越高就离实际情况越远。作为创办人，我们可以确定的一件事是，我们不是无所不知的。我们的工作是打造一种环境让员工可以表达自己的想法，无论他们在公司担任什么工作，都可以将自己的想法说出。

——乔·马里诺

我们允许不成熟的点子在内部网络股市公开讨论，这样做可以让人们开始谈论这些点子，使它们更好或去芜存菁。我们总是强调，我们最重要的工作是发掘个别员工的潜力，同时善用整个公司的集体智慧。创新不能光靠产品开发部门里少数几个专家。你需要梦想家和执行者、旷世奇才和疯子、思想家和巧匠。这套做法必须遍及全公司。点子股市已经成为这里的一种生活方式。

——吉姆·拉沃伊

总体而言，要有新的领导心态才能迎接当今市场形成的挑战。自命不凡的传统商界大佬的傲慢和自大，正在被一种更新更好的领导模式所取代。结合谦卑与野心的新一代领导人常运用5种习惯：

谦卑野心家的5种习惯		
	1	真正的企业家不会假装无所不知，反而会让好点子百花齐放。
	2	创意十足的领导人不仅开发潜力，他们也善用集体的天分，发挥很大影响。
	3	卓越的领导人知道新点子不会凭空变成好主意，他们善于拒绝不好的点子而不去贬抑。
	4	热衷听取他人想法的领导人，必然同样渴望分享他的想法给他人。
	5	谦卑又有野心应该不仅仅是领导人的个人风格，而且是组织的生存方式。

习惯 1　真正的企业家不会假装无所不知，反而会让好点子百花齐放。

瑞特以内部的点子股市做到这点。Netflix 公司也有类似的做法，它提供 100 万美元的奖金，给任何能改善性能、帮助客户挑选所爱电影的人。今天最精明的领导人都很会察纳雅言。他们找出各种方式利用客户、员工、供应商和其他人的集体智慧。

习惯 2　创意十足的领导人不仅开发潜力，他们也善用集体的天分，发挥很大影响。

鼓励人们说出最好的点子当然很好，但除非你有切实可行的办法让这些创新点子变得有意义并决定采用它们，要不然这些点子毫无意义。成效卓著的领导人——谦卑野心家会鼓励员工贡献自己的想法，也让每个人在决策上有发言权。

这件事做得特别出色的是在网络上专卖圆领衫的 Threadless。Threadless 目录上的所有设计皆来自 100 万注册会员，他们每天平均提供 150 到 200 个新设计提案。由会员评选这些提案，选出其中 7 个制成圆领衫，每件售价 15 美元到 17 美元不等。中选的设计师会收到 2000 美元现金和 500 美元的店面抵用券。以这种“顾客就是公司”的经营模式，Threadless 每年销售超过 100 万件圆领衫，不做广告、没有专业设计师，也没有销售人员。在这种模式下，Threadless 只有 35 名员工。

习惯3　卓越的领导人知道新点子不会凭空变成好主意，他们善于拒绝不好的点子而不去贬抑。

当你公开征求建议，不用说，你会收到很多不成熟的建议，不能盲目去照做。成效卓著的领导人善于婉拒不够好的点子。

想要避免失败，请确认每个建议都根据优劣来考虑，并给予公平的对待。你也可以公布领先名单，说明最好的想法在实践中是如何出线的，让每个人审视自己的建议，思考要做些什么才能胜出。拥有像因特网上点子股市的这种安排，既可吸引点子，也可以根据大家的意见筛选点子。这会避免点子未被采纳而产生的尴尬，因为人们会明白这不是针对个人的。

习惯4　热衷听取他人想法的领导人，必然同样渴望分享他的想法给他人。

谦卑野心家热爱学习。他们不断寻找新技能和新科技，以加强协力合作，并以新方法做旧事

情。他们还知道强化所学的最佳方法就是现学现用。因此，如果你想扩大领导能力，就要去协助其他公司了解你的公司内部发生的状况。

这种开放的心胸、承诺去教导别人的方式很了不起。在某个层面上，利用加强与他人的联系，也能创造更多的业务机会；但在另一个层面，口耳相传也会激荡出更有智慧和更人性化的领导方式。合作一直都是双向的。越多人像你一样思考，你未来就越有机会做有趣的事。

习惯 5　谦卑又有野心应该不仅仅是领导人的个人风格，而且是组织的生存方式。

谦卑野心之所以可行，是因为它尽可能让许多人在组织内担任领导。当你把它融入企业文化，你会发现它对选择发生交互的影响——员工会更勇于站出来领导他们有热情的项目。让各级员工有机会站出来是好事，因为会源源不绝出现新思维。一些公司甚至让客户主导、作决定，这才是实践谦卑野心的终极形式。

关键思维

创新不能计划、不能预测，必须水到渠成。

——基思·索耶

Threadless 完全模糊了生产者和消费者的界线。到最后是由顾客扮演关键角色，参与所有工作：提出建议、营销方案或预测销售。所有一切都发包出去了。

——卡里姆·拉克哈尼

权力是你能控制什么，自由是你能释放什么。

——哈丽叶·鲁苹

我们遵循 4 项规则。我们让社交媒体创建内容，我们让社交媒体自行组成——没有任何广告。我们让社交媒体协助公司业务——根据用户的回应增加功能；我们奖励参与社交媒体的会员。

——贾克·布迪哈特

能量多半来自产品变化的速度。用户每天都有事可以忙，这是个非常活跃的社交媒体。

——杰克·尼凯尔

随堂考10个改变游戏规则的必答题

你是个改变游戏规则的人吗？目前市场面临的困难重重，正是重新检讨策略假设是否接近“有效期限”的最好时机；同时也是挑战传统智慧，开始学习、成长和创新的大好机会。

当你着手努力时，请为自己找到以下10个关键问题的答案：

1. 你能看到竞争对手没看到的新契机吗？

成功的企业不只是努力尝试击败对手，他们也乐于拥抱独一无二的新点子，打破人云亦云的模式。你最近一次想到有创意的新点子是什么时候的事了？

2. 你对于去哪里找新点子有创新的想法吗？

研发不仅指“研究和开发”，也可以指“偷取与复制”。试着分析其他产业习惯的想法和做法，找出新点子。这些经过验证但尚未尝试过的方法，可以用在你的产业上，并带来突破吗？

3. 你有比别人都强的优点吗？

在一堆事情上做得“还不错”没有太大意义，现在任何人都做得到这点。反之，你要在某件事情上出类拔萃——价格最实惠、产品最优雅、最实用等等。如果你和别人做一样的事，你就不会脱颖而出。什么是你最拿手的呢？

4. 如果贵公司明天破产，谁会在乎你，为什么？

如果你停止工作，却没有人在意，事情可就不妙了。而改变游戏规则的人正好相反。他们提供强而有力的产品，如果没有了，人们会非常在乎他们。找出在公司取得这种地位的方式，并且努力做到。

5. 你已经想出如何利用过去的经验塑造令人振奋的未来了吗？

寻求创意的最佳途径往往是先弄清楚如何

利用你的经验超越目前已经在进行的事和思考的模式。不要否定过往的成绩，而要利用过去的经验发展出独特的战略，应对未来将发生的一切。

6. 你有客户离不开你吗？

你的目标是让客户觉得你是不可或缺、无法取代的。如果客户没有你也活得好好的，他们可能会为了省钱就真的不要你了。你必须让客户像你一样，对你的产品充满热情，这当然不是容易做到的。要让这件事情发生，你一定得和客户培养感情，让他们觉得你与众不同而且难以忘怀。

7. 你的员工比你的竞争对手更关心客户吗？

你总是有办法降低产品成本并在价格上让步。但是如果你比竞争对手更关心客户，你会拒绝作出这种让步。来自员工的热情、精力和投入的力量会让你产生源源不绝、改变游戏规则的点子。你做到了吗？

8. 你的员工是否受到激励拿出最好的工作状态？

现实中这种例子多到惊人——改变游戏规则的点子不是来自高级主管，而是来自每天面对客户的基层员工。如果你够聪明，你会去汲取整个组织的集体智慧。领导人要有足够的野心面对棘手的问题，也要有足够的谦卑知道自己没有所有的答案。你就是要成为这种领导人。与其渴望自己无所不知，不如去懂得如何从多数员工那里得到最好的建议。

9. 你承诺的改变是否前后一致？

业绩不好的公司的管理方式经常改变，而且次数多到惊人。他们不断尝试热门的管理方式，一个接着一个，却毫无建树。他们做的一切好像就是改变。如果你想进行深度的变革，那么最好确定优先事项和其做法是前后一致的。

10. 你的员工学习速度像世界变化一样快吗?

企业领导者的终极挑战是不断学习、成长和演变。找出务实的方法让你可以边做边学。优秀的学习者往往也是最好的老师，他会寻找机会将所学教给别人。你可以而且应该定期把新点子传授给你的客户、供应商，甚至是直接的竞争对手。

关键思维

真正的发现之旅不在于寻找新大陆，而是以新的眼光去看事物。

——马塞尔·普鲁斯特

白白浪费危机是非常糟糕的事。

——保罗·罗默